Sammlung Außerdeutscher Strafgesetzbücher in deutscher Übersetzung

Herausgegeben von

Professor Dr. Hans-Heinrich Jescheck,
Direktor des Instituts für ausländisches und internationales Strafrecht an der Universität Freiburg i. Br.
und Professor Dr. Gerhard Kielwein, Saarbrücken

LXXIII.

Das Bulgarische Strafgesetzbuch

Berlin 1957

Walter de Gruyter & Co.

vormals G. J. Göschen'sche Verlagshandlung · J. Guttentag, Verlagsbuchhandlung · Georg Reimer · Karl J. Trübner · Veit & Comp.

Das
Bulgarische Strafgesetzbuch

vom 2. Februar 1951

Übersetzt von

Thea Lyon

Gerichtsreferendarin

Assistentin am Institut für ausländisches und internationales Strafrecht

an der Universität Freiburg im Breisgau

Gedruckt mit Unterstützung der Gesellschaft für Rechtsvergleichung

Berlin 1957

Walter de Gruyter & Co.

vormals G. J. Göschen'sche Verlagshandlung · J. Guttentag, Verlagsbuchhandlung · Georg Reimer · Karl J. Trübner · Veit & Comp.

Archiv-Nr. 246357/73
Satz und Druck: Thormann & Goetsch · Berlin-Neukölln

Inhaltsverzeichnis

Strafgesetzbuch

vom 2. Februar 1951[1])

Allgemeiner Teil

Aufgabe des Strafgesetzbuches

Art. 1. Das Strafgesetzbuch hat die Aufgabe, die Volksrepublik Bulgarien und die in ihr errichtete Gesellschafts- und Rechtsordnung durch Bestimmung der Straftaten und der für sie vorgesehenen Strafen zu schützen.

I.
DIE STRAFTAT

***Art. 2.**[2]) Straftat ist jede sozialgefährliche Handlung (Handlung oder Unterlassung), die schuldhaft begangen und vom Gesetz für strafbar erklärt ist.

Art. 3. Eine Handlung ist sozialgefährlich, wenn sie die Staats- oder Gesellschaftsordnung der Volksrepublik oder die in ihr errichtete Rechtsordnung bedroht oder schädigt.

Art. 4. Eine Handlung ist schuldhaft begangen, wenn sie vorsätzlich oder fahrlässig ist.

Eine Handlung ist vorsätzlich, wenn der Täter den Eintritt der sozialgefährlichen Folgen gewollt oder zugelassen hat.

Eine Handlung ist fahrlässig, wenn der Täter den Eintritt der sozialgefährlichen Folgen nicht vorausgesehen hat, obwohl er sie hätte voraussehen müssen und können oder, wenn er den Eintritt dieser Folgen vorausgesehen hat, aber gemeint hat, sie abwenden zu können.

Fahrlässige Handlungen werden nur in den vom Gesetz vorgesehenen Fällen bestraft.

Art. 5. Eine Handlung ist nicht sozialgefährlich, wenn sie in Notwehr begangen wird, d. h. zur Abwehr eines unmittelbaren und rechtswidrigen Angriffs auf die öffentliche Gewalt, oder auf die Person oder das Vermögen des Angegriffenen oder eines anderen.

Eine Handlung ist nicht strafbar, wenn sie aus Furcht oder Bestürzung in Überschreitung der Grenzen der Notwehr begangen wird.

***Art. 6.**[3]) Eine Handlung ist nicht sozialgefährlich, wenn sie von jemand im Notstand begangen wird, d. h. zur Rettung staatlicher oder gesellschaftlicher Interessen sowie der eigenen Person oder eines Dritten oder eines

---

[1]) Veröffentlicht im bulgarischen Gesetzblatt „Isvestija na Prezidiuma na Narodnoto sabranie" Nr. 13 vom 13. Februar 1951, Berichtigung „Isvestija" Nr. 16 vom 23. Februar 1951. Die Gesetze über die Abänderung und Ergänzung des Strafgesetzbuchs vom 9. Februar 1953 (veröffentlicht in „Isvestija" 1953 Nr. 13) und vom 3. Februar 1956 (veröffentlicht in „Isvestija" 1956 Nr. 12) sind in die Übersetzung eingearbeitet. Soweit es sich nicht nur um geringfügige oder technische Änderungen handelt, sind die durch diese Gesetze abgeänderten Artikel mit dem Zeichen *) bezeichnet. Auf wichtige Änderungen und auf die meisten Änderungen im Allgemeinen Teil wird außerdem in besonderen Fußnoten hingewiesen.

[2]) Art. 2 Abs. 2 betreffend die Analogie ist durch das Gesetz vom 3. Februar 1956 aufgehoben worden.

[3]) Der Hinweis auf die staatlichen oder gesellschaftlichen Interessen wurde durch das Gesetz vom 3. Februar 1956 eingefügt.

Vermögensgutes aus einer unmittelbaren Gefahr, welche der Täter auf andere Weise nicht abwenden kann, wenn der durch die Handlung verursachte Schaden geringer ist, als der abgewendete.

Notstand liegt nicht vor, wenn schon das Vermeiden der Gefahr eine Straftat darstellt.

Art. 7. Eine Handlung ist nicht sozialgefährlich, wenn sie, obwohl sie formal die Merkmale einer im Gesetz vorgesehenen Straftat enthält, offensichtlich geringfügig und ohne Schadensfolgen ist.

Art. 8. Tatumstände, die zum Straftatbestand gehören, werden dem Vorsatz des Täters nicht zugerechnet, wenn er sie nicht kannte.

Diese Vorschrift gilt auch für fahrlässige Handlungen, wenn die Unkenntnis selbst nicht auf Fahrlässigkeit beruht.

Art. 9. Eine zufällig begangene Handlung ist nicht schuldhaft, wenn der Täter den Eintritt der sozialgefährlichen Folgen nicht voraussehen konnte.

Art. 10. Eine Handlung ist nicht schuldhaft, wenn sie in Ausführung eines rechtswidrigen Dienstbefehls begangen wird, der ordnungsgemäß erteilt wurde und nicht offensichtlich die Begehung einer Straftat forderte.

Art. 11. Eine Handlung wird nicht bestraft, wenn sie, obwohl sie die Merkmale einer im Gesetz vorgesehenen Straftat enthält, offensichtlich geringfügig ist und die Schadensfolgen offensichtlich unbedeutend sind.

Art. 12. Eine Handlung wird nicht bestraft, wenn sie, obwohl sie bei ihrer Begehung eine Straftat darstellte, infolge einer Änderung der sozialpolitischen Verhältnisse ihren sozialgefährlichen Charakter verloren hat.

II.
ZURECHENBARKEIT

Art. 13. Eine Handlung wird zur Schuld nicht zugerechnet, wenn sie von einer Person begangen wurde, die wegen zurückgebliebener geistiger Entwicklung oder dauernder oder zeitweiliger Bewußtseinsstörung unfähig war, Art und Bedeutung der Handlung zu erfassen oder ihr Verhalten zu beherrschen.

***Art. 14.**[1]) Eine Handlung wird zur Schuld nicht zugerechnet, wenn sie begangen wurde:

1. von einem Minderjährigen, der das 14. Lebensjahr noch nicht vollendet hat,
2. von einem Minderjährigen, der das 14., aber noch nicht das 18. Lebensjahr vollendet hat und unfähig war, Art und Bedeutung der Handlung zu erfassen oder sein Verhalten zu beherrschen.

III.
VORBEREITUNG UND VERSUCH

Art. 15. Vorbereitung ist das Herrichten von Mitteln, das Suchen von Teilnehmern und überhaupt das Schaffen von Vorbedingungen für die

[1]) Nach der ursprünglichen Fassung begann die strafrechtliche Verantwortlichkeit mit Vollendung des 13. Lebensjahres. Abgeändert durch das Gesetz vom 3. Februar 1956.

Begehung der geplanten Straftat, solange ihre Ausführung nicht begonnen hat.

Die Vorbereitung wird nur in den vom Gesetz vorgesehenen Fällen bestraft.

Der Täter wird nicht bestraft, wenn er aus eigenem Willen von der Begehung der Straftat Abstand nimmt.

Art. 16. Eine Handlung, durch welche eine vorsätzliche Straftat begonnen, aber nicht vollendet wird, stellt einen Versuch dar.

Der Versuch wird ebenso bestraft, wie die vollendete Straftat.

Beim Versuch wird der Täter nicht bestraft, wenn er aus eigenem Willen:

1. von der Vollendung der Straftat Abstand nimmt,
   oder
2. den Eintritt der Folgen der Straftat verhindert.

Art. 17. Enthält in den Fällen der Art. 15 Abs. 3 und 16 Abs. 3 die Handlung, die eine Vorbereitung oder einen Versuch darstellt, die Merkmale einer anderen Straftat, so ist der Täter für diese Straftat verantwortlich.

IV.
TEILNAHME

Art. 18. Teilnehmer an einer vorsätzlichen Straftat sind die Täter, die Anstifter und die Gehilfen.

Täter ist, wer sich an der Ausführung der Straftat selbst beteiligt.

Anstifter ist, wer vorsätzlich einen anderen zur Begehung der Straftat bestimmt hat.

Gehilfe ist, wer vorsätzlich die Begehung der Straftat durch Ratschläge, Hinweise, Versprechen nach der Tat Hilfe zu leisten, Beseitigen von Hindernissen, Verschaffen von Mitteln oder auf andere Weise erleichtert hat.

Art. 19. Alle Teilnehmer werden mit der für die begangene Straftat vorgesehenen Strafe bestraft.

Wenn das Gesetz auf Grund besonderer Umstände die begangene Handlung für irgendeinen von den Tätern oder Anstiftern als Straftat oder als schwerere Straftat qualifiziert, so sind die anderen Teilnehmer für diese Straftat gleichfalls verantwortlich, wenn sie diese Umstände gekannt haben.

Besondere Umstände, auf Grund deren das Gesetz für irgendeinen von den Teilnehmern die Strafe ausschließt oder mildert, bleiben bei den anderen Teilnehmern unberücksichtigt.

Art. 20. Anstifter und Gehilfen werden nicht bestraft, wenn sie aus eigenem Willen von ihrer weiteren Beteiligung Abstand nehmen und die Vollendung der Tat verhindern oder den Eintritt der Folgen der Straftat abwenden.

In diesen Fällen findet Art. 17 entsprechende Anwendung.

V.
STRAFEN

Art. 21. Die strafrechtliche Verantwortlichkeit ist höchstpersönlich.

Die Strafe wird nur auf Grund der geltenden Gesetze auferlegt, mit dem Zweck: 1. Volksfeinde unschädlich zu machen, 2. dem Täter die Möglichkeit der Begehung weiterer Straftaten zu nehmen, 3. den Täter zu bessern und zur Beachtung der Regeln der sozialistischen Gesellschaft zu erziehen und 4. einen erzieherischen Einfluß auf die anderen Mitglieder der Gesellschaft auszuüben.

Die Strafe darf nicht die Zufügung von physischen Leiden oder die Verletzung der Menschenwürde zum Zweck haben.

Art. 22. Strafen sind:

1. Freiheitsentziehung;
2. Besserungsarbeit ohne Freiheitsentziehung;
3. teilweise oder vollständige Einziehung des Vermögens;
4. Geldstrafe;
5. Aberkennung der Rechte und
6. öffentlicher Tadel.

Der Schweregrad dieser Strafen bestimmt sich nach ihrer Reihenfolge im vorhergehenden Absatz, wobei 3 Tage Besserungsarbeit einem Tag Freiheitsentziehung gleichzusetzen sind.

Für Straftaten schwerster Art, welche die Grundlagen der Volksrepublik bedrohen, sowie für andere besonders gefährliche Straftaten, wird die Todesstrafe durch Erschießen als zeitweilige und außerordentliche Maßnahme vorgesehen.

***Art. 23.**[1]) Freiheitsentziehung kann von einem Tag bis zu 20 Jahren verhängt werden und wird an den hierfür vorgesehenen Orten verbüßt.

Die Verbüßung dieser Strafe wird mit geeigneter Arbeit verbunden, die bei der Verkürzung der Strafdauer angerechnet wird, wobei 2 Arbeitstage für 3 Tage Freiheitsentziehung gerechnet werden.

Im Krieg kann das Militärgericht die Vollstreckung der verhängten Strafe „Freiheitsentziehung“ bis zur Beendigung der militärischen Handlungen aufschieben und den Verurteilten zur aktiven Armee schicken. Diese Bestimmung findet gegenüber den wegen Straftaten nach Kapitel I und Kapitel XIV Abschnitt 1 des Besonderen Teils dieses Gesetzbuchs Verurteilten keine Anwendung.

Begeht die Person, bei der die Vollstreckung der Strafe nach dem vorstehenden Absatz aufgeschoben ist, vor Beendigung der militärischen Handlungen eine neue Straftat, so kann das Gericht den Aufschub der Vollstreckung der durch das erste Urteil verhängten Strafe aufheben.

Auf Ersuchen des Vorgesetzten kann das Gericht einem nach Abs. 3 in die aktive Armee geschickten Verurteilten die Verbüßung der aufgeschobenen Strafe vollständig oder teilweise erlassen, falls er sich als guter Verteidiger des Vaterlandes erwiesen hat.

---

[1]) **Abs. 3—6 eingefügt durch das Gesetz vom 3. Februar 1956.**

Einem wegen Invalidität aus der aktiven Armee Entlassenen kann das Gericht auch ohne Ersuchen des Vorgesetzten die Verbüßung der verhängten Strafe ganz oder teilweise erlassen.

***Art. 24.**[1]) Besserungsarbeit kann von einem Tag bis zu einem Jahr verhängt werden.

Die Strafe wird ohne Freiheitsentziehung durch Arbeit am Arbeitsplatz des Verurteilten oder an einem anderen Ort verbüßt, wobei von seinem Lohn gemäß der Verfügung des Gerichts im Urteil bis zu 25% zugunsten des Staates einbehalten werden und die Strafzeit auf das Ruhegehalt und überhaupt auf das Dienstalter nicht angerechnet wird.

Bei Personen, die nicht in einer staatlichen Behörde oder Unternehmung, in einer Genossenschaft oder einer gesellschaftlichen Organisation arbeiten, bestimmt das Gericht bei der Festsetzung des Urteils konkret, in welches Unternehmen sie zur Arbeit geschickt werden. Bei Arbeitsunfähigen sowie bei Personen, die nicht zur Arbeit geschickt werden können, wird die Strafe „Besserungsarbeit" vom Gericht in Geldstrafe bis zu 2000 Lewa umgewandelt.

Weigert sich der zu Besserungsarbeit Verurteilte ohne triftigen Grund zu arbeiten, so wird die Besserungsarbeit vom Gericht in Freiheitsentziehung von der Dauer der Besserungsarbeit umgewandelt.

Die Strafe „Besserungsarbeit ohne Freiheitsentziehung" findet in bezug auf Militärpersonen keine Anwendung. Statt dieser Strafe wird gegen sie Arrest bis zu 2 Monaten verhängt, der gemäß der für einfachen und Kasernenarrest (Garnisonsarrest) festgesetzten Ordnung verbüßt wird.

Art. 25. Der Einziehung unterliegen nicht die für den Verurteilten und seine Familie unentbehrlichen Gegenstände des persönlichen und häuslichen Bedarfs und die zur Ausübung seines Berufs notwendigen Werkzeuge sowie die Mittel zum Unterhalt seiner Familie für 6 Monate.

Art. 26. Im Falle der vollständigen oder teilweisen Vermögenseinziehung haftet der Staat für die Verbindlichkeiten des Verurteilten entsprechend dem Teil des eingezogenen Vermögens bis zur Höhe seines Wertes und dies nur für solche Verbindlichkeiten, die vor Beginn der Strafverfolgung entstanden sind.

***Art. 27.**[2]) Die Geldstrafe wird entsprechend der Vermögenslage des Verurteilten verhängt. Sie darf nicht weniger als 250 Lewa betragen.

Die Geldstrafe wird auch nach dem Tode des Verurteilten von dem Vermögen erhoben, das dieser hinterläßt, sofern das Urteil vorher rechtskräftig geworden ist.

Sachen, die der Einziehung nicht unterliegen, dürfen zur Beitreibung der Geldstrafe nicht verkauft werden.

---

1) Abgeändert durch das Gesetz vom 3. Februar 1956. Der frühere Absatz 3 wurde durch die Absätze 3 ff. ersetzt. Die ursprüngliche Fassung des Abs. 3 lautete: „Bei Arbeitsunfähigkeit des Verurteilten wird die Besserungsarbeit vom Gericht nach dem in Art. 22 Abs. 2 genannten Verhältnis in Freiheitsentziehung umgewandelt. Weigert der Verurteilte sich ohne triftigen Grund zu arbeiten, so wird die Besserungsarbeit in Freiheitsentziehung von gleicher Dauer umgewandelt."

2) Abgeändert durch das Gesetz vom 3. Februar 1956. Nach der ursprünglichen Fassung war für den Fall der Uneinbringlichkeit die Umwandlung in Besserungsarbeit vorgesehen. (Ein Tag an Stelle von 250 Lewa, jedoch nicht über 1 Jahr.)

***Art. 28.**[1]) Dem Verurteilten können folgende Rechte aberkannt werden:

1. das aktive und passive Wahlrecht,
2. die Bekleidung bestimmter staatlicher oder gesellschaftlicher Ämter,
3. die Ausübung eines bestimmten Berufes,
4. der Empfang eines bestimmten Ruhegehalts,
5. die Ausübung der Eltern- oder Vormundschaftsrechte und
6. das Tragen von Orden und Auszeichnungen.

Personen aus dem Mannschafts- und Führungsstand der bewaffneten Kräfte der Volksrepublik Bulgarien sowie den Reservisten kann die militärische Ehre aberkannt werden, wobei ihnen Dienstgrad, Orden und militärische Auszeichnungen abgenommen werden.

In den im Besonderen Teil des Gesetzbuchs vorgesehenen Fällen muß oder kann das Gericht dem Verurteilten entweder alle oder nur einige der Rechte der vorstehenden Absätze aberkennen, wobei es sich vom Charakter der begangenen Straftat leiten läßt.

Art. 29. Die Dauer der Aberkennung der Rechte wird vom Gericht festgesetzt und darf die Dauer der Freiheitsentziehung um höchstens 3 Jahre überschreiten.

Die Frist beginnt mit Eintritt der Rechtskraft des Urteils; der Verurteilte kann jedoch von den ihm aberkannten Rechten keinen Gebrauch machen, bevor er die Strafe der Freiheitsentziehung verbüßt hat.

Die Dauer der Aberkennung der Rechte verkürzt sich um die Zeit, um die sich die Freiheitsentziehung durch Begnadigung, Arbeit oder Anrechnung der Untersuchungshaft verkürzt.

Einem zum Tode Verurteilten sind die Rechte für immer abzuerkennen. Wenn die Todesstrafe in Freiheitsentziehung umgewandelt wird, ist die dauernde Aberkennung der Rechte in eine Aberkennung umzuwandeln, die die Freiheitsentziehung um 3 Jahre übersteigt.

***Art. 30.**[2]) Nach Ablauf der Frist kann der Verurteilte die Rechte, die ihm durch das Urteil aberkannt worden waren, erneut ausüben. Dies bezieht sich nicht auf die Aberkennung eines militärischen Grades nach Art. 28 Abs. 2, der nur gemäß der dafür festgesetzten Ordnung erneut erworben werden kann.

Art. 31. Der öffentliche Tadel besteht in der Bekanntmachung des Urteils vor dem Kollektiv, in dem der Verurteilte arbeitet, durch die Presse oder in anderer geeigneter Weise.

Art. 32. Das Gericht kann in den Fällen der Art. 13 und 14 Abs. 2 gegen einen Angeklagten, der in seiner geistigen Entwicklung zurückgeblieben ist oder an Bewußtseinsstörung leidet, Zwangsheilung oder Unterbringung in einer Heilanstalt, verbunden mit Isolierung, anordnen.

Art. 33. Gegenstände, welche zur Begehung der Straftat bestimmt waren oder verwendet wurden, werden zugunsten des Staates eingezogen, wenn sie dem Schuldigen gehören.

---

[1]) Abgeändert durch das Gesetz vom 3. Februar 1956, durch das Abs. 2 neu eingefügt und Abs. 3 abgeändert wurde. Nach der ursprünglichen Fassung war vorgesehen, daß das Gericht die in Abs. 1 Ziff. 2 und 6 genannten Rechte bei allen Verurteilungen wegen einer Straftat im Amt aussprechen kann.

[2]) Satz 2 eingefügt durch das Gesetz vom 3. Februar 1956.

VI.

BESTIMMUNG DER STRAFE

***Art. 34.**[1]) Bei der Bestimmung der Strafe richtet sich das Gericht nach den Vorschriften des Allgemeinen Teils dieses Gesetzbuchs und dem Strafrahmen, der für die begangene Straftat vorgesehen ist.

Art. 35. Das Strafmaß wird festgesetzt unter Berücksichtigung:

1. des Grades der Sozialgefährlichkeit der Tat und des Täters und
2. der Beweggründe für die Begehung der Tat und anderer, die Schuld mildernder oder erschwerender Umstände.

Bei Vorliegen mildernder Umstände kann das Gericht die geringste, bei Vorliegen erschwerender Umstände die höchste Strafe festsetzen, die im Gesetz für die begangene Tat vorgesehen ist.

***Art. 36.**[2]) Bei Vorliegen außergewöhnlicher oder zahlreicher mildernder Umstände kann das Gericht:

1. die Strafe unter dem im Gesetz vorgesehenen Mindestbetrag festsetzen, oder
2. umwandeln: a) die Todesstrafe in Freiheitsentziehung von mindestens 15 Jahren, b) Freiheitsentziehung, wenn ein Mindestbetrag nicht vorgesehen ist, in Besserungsarbeit oder Geldstrafe bis zu 3000 Lewa, c) Geldstrafe in öffentlichen Tadel.

Die Todesstrafe wird gegenüber Schwangeren in Freiheitsentziehung von 20 Jahren umgewandelt.

Art. 37. Bei Versuch kann das Gericht die gemäß den vorstehenden Artikeln festgesetzte Strafe um höchstens die Hälfte herabsetzen und die Todesstrafe in Freiheitsentziehung von mindestens 15 Jahren umwandeln.

Art. 38. Die Strafe für jeden der Teilnehmer bestimmt sich nach dem Grad seiner Teilnahme an der Straftat, nach seiner persönlichen Sozialgefährlichkeit sowie nach dem Grad der Gefährlichkeit der Straftat selbst.

Art. 39. Enthält eine Handlung die Merkmale mehrerer Straftaten, oder hat eine Person mehrere einzelne Straftaten begangen, so setzt das Gericht zunächst für jede einzelne Straftat eine Strafe fest und verhängt die schwerste dieser Strafen.

Die Aberkennung der Rechte nach Art. 28 und der öffentliche Tadel werden neben der festgesetzten schwersten Strafe verhängt. Wird aber die Aberkennung gleicher Rechte festgesetzt, so wird die Aberkennung von längster Dauer verhängt.

Diese Vorschriften finden auch Anwendung, wenn eine Person durch verschiedene Urteile verurteilt ist. Falls die Strafe aus einem dieser Urteile ganz oder teilweise verbüßt ist, wird die verbüßte Strafe angerechnet, wenn sie gleichartig ist.

Art. 40. Sind die für mehrere einzelne Straftaten verhängten Strafen gleichartig, so kann das Gericht die festgesetzte schwerste Gesamtstrafe um höchstens die Hälfte erhöhen, jedoch darf die so erhöhte Strafe weder

---

[1]) Art. 34 Abs. 2 betr. die Analogie ist durch das Gesetz vom 3. Februar 1956 aufgehoben worden.

[2]) Abs. 1 abgeändert durch das Gesetz vom 3. Februar 1956. Nach der ursprünglichen Fassung war die Umwandlung von Freiheitsentziehung und Geldstrafe (jetzt Ziff. 2b und c) nicht vorgesehen.

die Summe der einzelnen Strafen noch das in den Art. 23 und 24 vorgesehene Höchstmaß überschreiten.

Sind die Strafen verschiedenartig und besteht eine derselben in Geldstrafe oder Einziehung, so kann das Gericht diese ganz oder teilweise neben der schwersten Strafe verhängen.

Art. 41. Begeht eine Person eine Straftat, nachdem sie wegen einer anderen Straftat bereits rechtskräftig verurteilt worden ist, so kann für diese Straftaten nicht eine Gesamtstrafe nach den obigen Vorschriften gebildet werden. Die in diesen Fällen verhängten Strafen werden gesondert verbüßt.

Art. 42. Die Untersuchungshaft wird auf die Vollstreckung einer Strafe der Freiheitsentziehung oder der Besserungsarbeit angerechnet.

VII.
SONDERBESTIMMUNGEN FÜR MINDERJÄHRIGE

Art. 43. Die Bestrafung Minderjähriger erfolgt vor allem mit dem Zweck, sie umzuerziehen und sie auf eine für die Gesellschaft nützliche Arbeit vorzubereiten.

***Art. 44.**[1]) Die im Gesetz vorgesehenen Strafen werden für Minderjährige in folgender Weise umgewandelt:

1. Todesstrafe in Freiheitsentziehung von einem bis zu 10 Jahren,
2. Freiheitsentziehung von mehr als 10 Jahren in Freiheitsentziehung bis zu 5 Jahren,
3. Freiheitsentziehung bis zu einschließlich 10 Jahren in Freiheitsentziehung bis zu 2 Jahren und
4. Besserungsarbeit und Geldstrafe in öffentlichen Tadel.

Auf Einziehung und Aberkennung der in Art. 28 genannten Rechte wird nicht erkannt.

Art. 45. Das Gericht kann von der Bestrafung eines Minderjährigen absehen, wenn die Straftat nicht schwer ist und wenn sie aus Leidenschaft, Leichtsinn oder unter fremden Einfluß begangen worden ist. In diesem Fall kann das Gericht Art. 47 anwenden.

Art. 46. Minderjährige verbüßen bis zum Eintritt der Volljährigkeit die Strafe der Freiheitsentziehung in besonderen Besserungsanstalten.

Art. 47. Minderjährige, denen wegen ihres Alters eine Handlung nicht zur Schuld zugerechnet werden kann, können, wenn es die Umstände des Falles erfordern, durch Gerichtsentscheidung für eine bestimmte Dauer in einem Erziehungsheim untergebracht werden; die Dauer der Unterbringung darf die Dauer der Strafe, die ihnen dafür hätte auferlegt werden müssen, nicht überschreiten und sich nur bis zur Volljährigkeit erstrecken.

VIII.
BEDINGTE VERURTEILUNG

Art. 48. Verhängt das Gericht eine Strafe der Freiheitsentziehung bis zu 3 Jahren oder, verbunden oder getrennt, eine andere mildere Strafe,

---

[1]) Ziff. 2 und 3 abgeändert durch das Gesetz vom 3. Februar 1956. Nach der ursprünglichen Fassung wurde Freiheitsentziehung von 10 und mehr Jahren in Freiheitsentziehung von 6 Monaten bis zu 5 Jahren umgewandelt und Freiheitsentziehung von weniger als 10 Jahren in Freiheitsentziehung bis zu 2 Jahren.

so kann es die Vollstreckung der verhängten Strafe für die Dauer von 3 bis 6 Jahren aufschieben, wenn der Täter nicht mit Freiheitsentziehung oder einer schwereren Strafe wegen einer gemeinen Straftat verurteilt ist und wenn das Gericht der Auffassung ist, daß für seine Besserung die Verbüßung der Strafe nicht erforderlich ist.

***Art. 49.**[1]) Wenn bis zum Ablauf der vom Gericht bestimmten Bewährungsfrist der Verurteilte erneut eine gemeine Straftat begeht, für die ihm, wenn auch nach Ablauf dieser Frist, die Strafe „Freiheitsentziehung" oder eine schwerere Strafe auferlegt wird, so verbüßt er getrennt auch die ausgesetzte Strafe. Andernfalls ist die ausgesetzte Strafe nicht zu verbüßen.

IX.
GRÜNDE, WELCHE DIE STRAFVERFOLGUNG UND STRAFVOLLSTRECKUNG AUSSCHLIESSEN

Art. 50. Strafverfolgung und Strafvollstreckung sind ausgeschlossen:

1. wenn der Täter stirbt,
2. wenn die im Gesetz vorgesehene Verjährung eingetreten ist, und
3. wenn eine Amnestie ergangen ist.

Art. 51. Die Strafverfolgung wird durch Verjährung ausgeschlossen, wenn die Verfolgung nicht aufgenommen wurde innerhalb:

1. 20 Jahren wegen einer Straftat, die mit dem Tode bestraft wird,
2. 15 Jahre wegen einer Straftat, die mit Freiheitsentziehung von mehr als 10 Jahren bestraft wird,
3. 10 Jahren wegen einer Straftat, die mit Freiheitsentziehung von mehr als 3 Jahren bestraft wird,
4. 5 Jahren wegen einer Straftat, die mit Freiheitsentziehung bis zu 3 Jahren bestraft wird, und
5. 2 Jahren in allen übrigen Fällen.

Die Verjährung der Verfolgung beginnt mit der Vollendung der Straftat; bei Versuch und Vorbereitung mit dem Tage, an dem die letzte Handlung ausgeführt wurde und bei Dauerstraftaten oder wiederholten Straftaten mit ihrer Einstellung.

Art. 52. Die Verjährung ruht, wenn der Beginn oder die Fortsetzung der Strafverfolgung von der Entscheidung einer Vorfrage durch eine rechtskräftige Gerichtsentscheidung abhängt.

Art. 53. Die Verjährung wird durch jede Handlung einer zuständigen Behörde, die zur Verfolgung unternommen wird, unterbrochen. Die Unterbrechung wirkt nur gegen denjenigen, gegen den sich die Verfolgung richtet.

Nach Abschluß der die Verjährung unterbrechenden Tätigkeit beginnt der Lauf einer neuen Verjährung.

---

[1]) Abgeändert durch das Gesetz vom 3. Februar 1956. Nach der ursprünglichen Fassung war maßgebend, daß der Verurteilte bis zum Ablauf der Bewährungsfrist eine Straftat beging, die mit Freiheitsentziehung oder einer schwereren Strafe bedroht war. Der Hinweis auf die Verurteilung nach Fristablauf fehlte. Nach Absatz 2 der ursprünglichen Fassung war eine nochmalige bedingte Verurteilung unzulässig, wenn die Strafvollstreckung bereits einmal aufgeschoben worden war, auch wenn der Verurteilte rehabilitiert wurde.

Art. 54. Eine verhängte Strafe wird nicht mehr vollstreckt nach Ablauf von:

1. 25 Jahren bei Todesstrafe,
2. 20 Jahren bei der Strafe der Freiheitsentziehung von mehr als 10 Jahren,
3. 15 Jahren bei der Strafe der Freiheitsentziehung von 3 bis 10 Jahren,
4. 8 Jahren bei der Strafe der Freiheitsentziehung von weniger als 3 Jahren und
5. 3 Jahren in allen übrigen Fällen.

Die Verjährung der Strafvollstreckung beginnt mit dem Tage zu laufen, an dem das Urteil rechtskräftig geworden ist.

Art. 55. Die Verjährung wird durch jede Handlung einer zuständigen Behörde unterbrochen, die gegen den Verurteilten zur Vollstreckung des Urteils unternommen wird.

Nach Abschluß dieser die Verjährung unterbrechenden Tätigkeit beginnt der Lauf einer neuen Verjährung.

Art. 56. Bei Straftaten, die auf Antrag des Verletzten verfolgt werden, wird, auch wenn die Verjährung noch nicht abgelaufen ist, die Strafverfolgung nicht eingeleitet, wenn der Antrag nicht binnen 6 Monaten seit dem Tage, an dem der Verletzte von der Begehung der Straftat Kenntnis erlangt hat, gestellt wird.

Stirbt der Verletzte vor Ablauf dieser Antragsfrist, so kann bis zu deren Ablauf der Antrag von seinen Erben gestellt werden.

Die Strafe für solche Straftaten wird nicht vollstreckt, wenn der Antragsteller dies vor Beginn der Urteilsvollstreckung beantragt.

Art. 57. Eine verhängte Strafe kann durch Begnadigung völlig oder teilweise erlassen werden.

Art. 58. Die Amnestie löscht den kriminellen Charakter einer Handlung, sie läßt jedoch die Haftung für eine Entschädigung unberührt.

X.
REHABILITIERUNG

Art. 59. Die Rehabilitierung löscht die Verurteilung und hebt für die Zukunft die Folgen auf, welche die Gesetze mit einer Verurteilung verbinden, sofern nicht in irgendeiner Hinsicht etwas anderes bestimmt ist.

Art. 60. Die gesetzliche Rehabilitierung tritt ein bei Personen:

1. die bedingt verurteilt worden sind, wenn sie in der Bewährungszeit keine andere Straftat begangen haben, die mit Freiheitsentziehung oder einer schwereren Strafe bedroht ist,
2. die zu Freiheitsentziehung bis zu 3 Jahren oder zu einer milderen Strafe verurteilt worden sind, wenn sie innerhalb von 3 Jahren nach Ablauf der durch das Urteil verhängten oder durch Arbeit oder Begnadigung verkürzten Straffrist keine andere Straftat begangen haben, die mit Freiheitsentziehung oder einer schwereren Strafe bedroht ist, und
3. die als Minderjährige verurteilt worden sind, wenn sie im Verlauf von 2 Jahren keine andere Straftat begangen haben.

Die gesetzliche Rehabilitierung tritt nicht wegen einer Straftat ein, die begangen wurde, nachdem der Täter bereits einmal rehabilitiert worden war.

***Art. 61.**[1]) Außer in den Fällen des vorstehenden Artikels kann jeder Verurteilte von dem Gericht, das das Urteil in erster Instanz erlassen hat, rehabilitiert werden, wenn er innerhalb von 3 Jahren nach Ablauf der durch das Urteil verhängten oder durch Arbeit oder Begnadigung verkürzten Straffrist keine weitere Straftat begangen hat, die mit Freiheitsentziehung oder einer schwereren Strafe bedroht ist:

1. wenn er den verursachten Schaden wiedergutgemacht hat,
2. wenn er die ihm auferlegten Kosten entrichtet hat, und
3. wenn er sich gut geführt hat.

Das Gericht kann den Verurteilten rehabilitieren, auch ohne daß er den verursachten Schaden wiedergutgemacht und die ihm auferlegten Kosten entrichtet hat, wenn er dafür triftige Gründe hat. Dies bezieht sich nicht auf vorsätzliche Straftaten nach Kapitel III.

Art. 62. Die Rehabilitierung kann auch von den Erben des Verurteilten nach dessen Tod begehrt werden, wenn dieser hierzu berechtigt war.

Art. 63. Wurde eine Person von einem Zivilgericht und von einem Militärgericht oder einem anderen Gericht verurteilt, so wird über das Rehabilitierungsgesuch von demjenigen Gericht entschieden, welches das Urteil wegen der schwersten Straftat erlassen hat. Befindet sich der Antragsteller im Heeresdienst, so wird über das Rehabilitierungsgesuch vom Militärgericht entschieden.

XI.
GELTUNGSBEREICH DES STRAFGESETZBUCHS

Art. 64. Auf jede Straftat wird das Gesetz angewendet, das zur Zeit ihrer Begehung gegolten hat.

Sind bis zum Erlaß des Urteils in letzter Instanz mehrere Gesetze erlassen worden, so wird das mildeste angewendet.

Art. 65. Das Strafgesetzbuch findet auf alle Straftaten Anwendung, die im Gebiet der Volksrepublik Bulgarien begangen werden.

Die Frage der Verantwortlichkeit von Ausländern, die das Recht der Exterritorialität genießen, wird auf diplomatischem Wege geregelt.

Art. 66. Das Strafgesetzbuch wird auf bulgarische Bürger auch wegen Straftaten, die von ihnen im Ausland begangen worden sind, angewendet.

Ein bulgarischer Bürger wird einem fremden Staat nicht zur Bestrafung oder zur Verbüßung einer Strafe ausgeliefert.

Art. 67. Das Strafgesetzbuch findet auch auf Ausländer Anwendung, die im Ausland eine gemeine Straftat begangen haben, wenn diese die Interessen der Volksrepublik Bulgarien oder von bulgarischen Bürgern berührt.

Das Gesetz findet auch auf Ausländer Anwendung, die im Ausland eine andere gemeine Straftat begangen haben, die mit Freiheitsentziehung von mindestens einem Jahr oder einer schwereren Strafe bedroht ist, wenn sie sich im Inland befinden und ein Auslieferungsbegehren einer ausländischen

---

[1]) Abs. 2 wurde eingefügt durch das Gesetz vom 3. Februar 1956.

Macht vorliegt, das nicht bewilligt wird. In diesem Fall kann die Strafverfolgung nur auf Anordnung des Generalstaatsanwaltes der Volksrepublik eingeleitet werden.

Art. 68. In den Fällen der Art. 66 und 67 wird die im Ausland verbüßte Strafe angerechnet.

Sonderbestimmung

Art. 69. Die Vorschriften des Allgemeinen Teiles dieses Gesetzbuches finden auch auf Straftaten Anwendung, die in anderen Gesetzen vorgesehen sind, soweit in diesen nichts anderes bestimmt ist.

Besonderer Teil

I.

STRAFTATEN GEGEN DIE VOLKSREPUBLIK

1. Hochverrat

Art. 70. Wer im In- oder Ausland eine Organisation oder Gruppe bildet oder leitet, die sich das Ziel gesetzt hat, die volksdemokratische Macht der Volksrepublik durch Umsturz, Aufruhr, Aufstand, terroristische Betätigung oder gemeingefährliche Straftaten umzustürzen, zu untergraben oder zu schwächen, wird mit 20 Jahren Freiheitsentziehung oder mit dem Tode bestraft.

Mitglieder dieser Organisation oder Gruppe werden mit Freiheitsentziehung nicht unter 5 Jahren bestraft. Ist die Organisation oder Gruppe bewaffnet, so ist die Strafe Freiheitsentziehung nicht unter 10 Jahren und für Mitglieder, die sich heimlich betätigen, Freiheitsentziehung nicht unter 15 Jahren oder die Todesstrafe.

Art. 71. Wer unabhängig davon, ob er zu einer der in Art. 70 genannten Organisationen oder Gruppen gehört oder nicht, mit der in diesem Artikel bezeichneten Absicht:

1. sich bei der Ausführung eines Umsturzversuches, der danach trachtet, die zentrale oder örtliche Macht gewaltsam zu ergreifen, beteiligt;
2. sich an einem Aufruhr oder bewaffneten Aufstand gegen die Staatsgewalt beteiligt;
3. gegen die Organe der Staatsgewalt oder öffentlichen Funktionäre terroristische Handlungen verübt, oder
4. gemeingefährliche Straftaten begeht,

wird mit Freiheitsentziehung nicht unter 10 Jahren oder mit dem Tode bestraft; die Leiter und Organisatoren werden mit dem Tode bestraft.

Art. 72. Nicht bestraft wird ein Mitglied einer Organisation oder Gruppe i. S. des Art. 70, das freiwillig sich der Behörde stellt und die Organisation oder Gruppe aufdeckt oder über sie eine wichtige Mitteilung macht, bevor von ihr oder von ihm eine Straftat im Sinne des vorstehenden Artikels ausgeführt wird.

War die Organisation oder Gruppe oder Person selbst schon in Tätigkeit getreten, so kann das Gericht die Strafe gemäß Art. 36 Abs. 1 festsetzen.

I. Straftaten gegen die Volksrepublik

***Art. 72 a.**[1]) Ein bulgarischer Bürger, der ohne Erlaubnis der zuständigen Organe der Staatsgewalt auf irgendeine Weise das Land verläßt, oder ein bulgarischer Bürger, Militärpersonen inbegriffen, der das Land mit Erlaubnis der zuständigen Organe der Staatsgewalt verlassen hat und nach Ablauf der für seinen Aufenthalt im Ausland festgesetzten Frist nicht zurückkehrt, gilt als Vaterlandsverräter und wird mit dem Tode bestraft.

***Art. 72 b.**[1]) Personen, die nahen Verwandten des Verräters inbegriffen, die von dem Vorhaben einer Straftat im Sinne des Art. 72 a Kenntnis hatten und dies den Organen der Staatsgewalt nicht rechtzeitig gemeldet haben, werden mit Freiheitsentziehung von 5—10 Jahren und mit Geldstrafe bis zu 10 000 Lewa bestraft.

Die anderen volljährigen Mitglieder der Familie des Verräters, die mit ihm zusammengelebt haben oder zur Zeit der Begehung der Straftat von ihm unterhalten worden sind, werden mit Entziehung der Rechte gemäß Art. 28 und mit vollständiger oder teilweiser Vermögenseinziehung bestraft. Gegen diese Personen werden Verwaltungsmaßnahmen getroffen: Verschickung zum Erziehungsarbeitsdienst oder Ansiedlung an einem anderen Wohnort.

2. Landesverrat und Spionage

Art. 73. Wer unmittelbar oder mittelbar einen anderen Staat oder eine öffentliche Gruppe im Ausland zum Kriege oder zu einer anderen feindlichen Handlung gegen die Volksrepublik anstiftet, wird mit Freiheitsentziehung von mindestens 10 Jahren bestraft.

Hat die Anstiftung einen Krieg oder eine andere feindliche Handlung zur Folge, so ist die Strafe Todesstrafe oder Freiheitsentziehung von 20 Jahren.

Art. 74. Ein bulgarischer Bürger, der während eines erklärten oder ausgebrochenen Krieges freiwillig in den Dienst der gegnerischen Truppe oder bewaffneten Gruppe tritt oder an einer feindlichen Kriegshandlung gegen die Volksrepublik teilnimmt, wird mit dem Tode bestraft.

Ein bulgarischer Bürger, der bei einer fremden Truppe dient und, nachdem der Krieg erklärt oder ausgebrochen ist, freiwillig in diesem Dienst verbleibt, wird mit 20 Jahren Freiheitsentziehung und, wenn er an einem Gefecht gegen bulgarische oder verbündete Truppen teilgenommen hat, mit dem Tode bestraft.

Art. 75. Wer zum Nachteil der Volksrepublik:

1. einem fremden Staat eine Militärperson, eine Festung, einen bewohnten oder befestigten Platz, einen Paß, ein Ufer oder eine Stellung, Waffen, Kriegsmaterial, Verpflegungsvorräte oder andere kriegswichtige Materialien ausliefert oder sich zur Auslieferung einverstanden erklärt;
2. einen anderen Staat beim Einfall oder Vordringen in das bulgarische Gebiet oder den von bulgarischen Truppen besetzten Raum unterstützt;
3. einen anderen Staat unterstützt, seine Streitkräfte, sein Kriegsmaterial oder seine Truppenverpflegung in irgendeiner Weise zu vermehren;
4. in den Reihen der bulgarischen Truppen zu Uneinigkeit, Ungehorsam,

---

[1]) Eingefügt durch das Gesetz vom 9. Februar 1953.

Meuterei oder Fahnenflucht anstiftet in der Absicht, den Gegner damit zu unterstützen oder

5. zum Vorteil des Gegners:
Waffen, Kriegsmaterial, Verpflegung oder andere kriegswichtige Materialien sowie Brücken, Dämme, Aufschüttungen, Bauten, Eisenbahnen, andere Verkehrswege oder sonstige Verkehrsmittel anzündet, zerstört oder unbrauchbar macht,

wird mit 20 Jahren Freiheitsentziehung oder mit dem Tode bestraft.

Werden die oben genannten Straftaten in Kriegszeiten begangen, so ist die Strafe die Todesstrafe.

Art. 76. Wer in Kriegszeiten vorsätzlich einen Vertrag nicht erfüllt, der mit einer Behörde oder einem Unternehmen für die Bedürfnisse der Kriegsmacht des Staates oder seiner Verbündeten abgeschlossen wurde, oder diesen auf eine Weise erfüllt, die geeignet ist, den Vertragszweck völlig oder teilweise zu vereiteln, wird mit Freiheitsentziehung von mindestens 10 Jahren oder mit dem Tode bestraft.

Art. 77. Wer bei Ausübung eines Staatsdienstes oder Staatsauftrags bei einer ausländischen Regierung vorsätzlich zum Nachteil der Volksrepublik handelt, wird mit dem Tode bestraft.

In geringfügigen Fällen ist die Strafe Freiheitsentziehung von 5 bis 15 Jahren.

Art. 78. Wer ein Beweismittel für die Rechtsbeziehung zwischen dem bulgarischen und einem fremden Staat herstellt, verfälscht, vernichtet, beschädigt, verbirgt oder entfernt und dadurch die Interessen der Volksrepublik bedroht, wird mit Freiheitsentziehung von mindestens 10 Jahren bestraft.

In geringfügigen Fällen ist die Strafe Freiheitsentziehung von mindestens 5 Jahren.

Art. 79. Wer von einem ausländischen Staat, einem Ausländer oder von jemand, der für einen fremden Staat tätig ist, für eine Handlung, welche die Verfassung, die Verwaltung, den Kredit, die Volkswirtschaft, die Sicherheit, die soziale Ordnung oder überhaupt irgendwelche Interessen der Volksrepublik bedroht, ein Geschenk oder eine Belohnung verlangt oder empfängt oder sich versprechen läßt, wird mit Freiheitsentziehung von mindestens 5 Jahren bestraft.

Ebenso wird bestraft, wer zum Gebrauch für politische Zwecke im Inland von einem ausländischen Staat, einem Ausländer oder einer für einen fremden Staat tätigen Person materielle Mittel in irgendeiner Form fordert, empfängt oder sich zum Empfang einverstanden erklärt.

Art. 80. Wer in Kriegszeiten

1. eine Handlung begeht, die die Neutralität des Staates in Gefahr bringt, oder ein in der Absicht der Wahrung der Neutralität erlassenes und veröffentlichtes staatliches Gebot verletzt;
2. Gerüchte oder Tatsachen verbreitet, die geeignet sind, den Widerstandsgeist herabzusetzen, oder
3. eine zum Zwecke der Sicherheit der Volksrepublik erlassene und veröffentlichte staatliche Anordnung verletzt,

wird mit Freiheitsentziehung von mindestens 5 Jahren bestraft.

I. Straftaten gegen die Volksrepublik

Art. 81. Wer in der Absicht, die Kampffähigkeit oder den Kampfgeist der Streitkräfte zu schwächen oder sie von ihren Aufgaben abzulenken, irgendeine Handlung gegen die Kriegsmacht des Landes begeht, wird mit Freiheitsentziehung von mindestens 10 Jahren, in besonders schweren Fällen mit dem Tode bestraft.

Art. 82. Wer eine Handlung gegen die Unabhängigkeit der Volksrepublik oder gegen die Unverletzlichkeit ihres Territoriums begeht oder zum Feinde übergeht, wird mit Freiheitsentziehung bis zu 15 Jahren bestraft, sofern er nicht nach den vorstehenden Artikeln einer anderen Strafe unterliegt.

***Art. 83.** Wer im Interesse eines fremden Staates oder einer verbotenen Organisation Nachrichten gibt oder zu geben versucht, oder Nachrichten sammelt, um einem anderen ein Staatsgeheimnis[1]) zu verraten, wird mit dem Tode oder mit Freiheitsentziehung von mindestens 10 Jahren bestraft.

Wer sich einem fremden Staat oder einer verbotenen Organisation als Spion zur Verfügung stellt, wird, wenn die Handlung nicht nach dem vorstehenden Absatz begangen ist, mit Freiheitsentziehung von mindestens 5 Jahren bestraft.

Staatsgeheimnisse sind Tatsachen, Nachrichten oder Gegenstände, wie Briefe, Karten, Zeichnungen und andere Gegenstände militärischer, politischer, wirtschaftlicher oder anderer Natur, deren Geheimhaltung vor einem anderen Staat mit Rücksicht auf die Interessen der Volksrepublik und insbesondere wegen ihrer Sicherheit notwendig ist. Staatsgeheimnisse sind auch Nachrichten über Fragen, die in einer vom Ministerrat aufgestellten und ordnungsgemäß veröffentlichten Liste[1]) aufgeführt sind.

Art. 84. In den Fällen des vorstehenden Artikels wird der Schuldige wegen erschwerender Umstände bestraft:

1. wenn er das Geheimnis auf Grund seiner Dienststellung oder auf Grund eines ihm von einer Staatsbehörde erteilten Auftrages erfahren hat;
2. wenn er es durch Gewaltanwendung, Bedrohung, Diebstahl, Unterschlagung oder in betrügerischer Weise erfahren hat;
3. wenn die Spionage in Kriegszeiten betrieben wurde.

3. Schädlingstätigkeit, Diversionshandlungen und Sabotage

Art. 85. Wer in der Absicht, die Lebensmittelversorgung des Landes zu erschweren, im Volke Unruhe zu stiften, der Obrigkeit Schwierigkeiten zu bereiten oder deren Autorität zu untergraben, Industrie, Landwirtschaft, Transport, Handel, Geldverkehr, Kreditwesen oder einzelne Wirtschaftsunternehmungen desorganisiert oder untergräbt unter Benutzung staatlicher Einrichtungen oder Unternehmungen oder unter Beeinträchtigung ihrer Tätigkeit, wird wegen Schädlingstätigkeit mit Freiheitsentziehung von mindestens 10 Jahren und in besonders schweren Fällen mit dem Tode bestraft.

Art. 86. Wer in der in Art. 85 bezeichneten Absicht Kriegsmaterial oder Waffenausrüstungen, öffentliche Verkehrs- oder Transportmittel, Einrichtungen oder Maschinen, Bergwerksgerät, öffentliche Gebäude, Wege, Brücken, Wasser-, Gas- und Stromleitungen, Bauten, Vorräte oder anderes

[1]) Siehe unten S. 61 die Liste der Tatsachen, Nachrichten und Fragen, die ein Staatsgeheimnis darstellen.

dem öffentlichen Gebrauch dienendes Material beschädigt, zerstört oder plündert, wird wegen Diversionshandlungen mit Freiheitsentziehung bis zu 20 Jahren und in besonders schweren Fällen mit dem Tode bestraft.

Art. 87. Wer in der in Art. 85 bezeichneten Absicht ihm erteilte Wirtschaftslieferungen oder -aufgaben vollständig oder teilweise nicht erfüllt oder nicht ordnungsgemäß erfüllt, wird wegen Sabotage mit Freiheitsentziehung von mindestens einem Jahr und in besonders schweren Fällen mit Freiheitsentziehung von mindestens 10 Jahren oder mit dem Tode bestraft.

4. Andere Straftaten gegen die Volksrepublik

Art. 88. Wer beleidigende, verleumderische oder unwahre Behauptungen verbreitet, die geeignet sind, die Würde des bulgarischen Volkes oder der Volksrepublik zu verletzen, wird mit Freiheitsentziehung von einem bis zu 5 Jahren und mit Geldstrafe bis zu 200 000 Lewa bestraft.

Art. 89. Wer in irgendeiner Weise das Wappen, die Fahne oder die Hymne der Volksrepublik herabwürdigt, wird mit Freiheitsentziehung bis zu einem Jahr bestraft.

Art. 90. Wer im In- oder Ausland in irgendeiner Weise Wertschätzungen abgibt, Umstände verbreitet oder Handlungen vornimmt, die ihrem Wesen nach geeignet sind, die guten Beziehungen mit einem anderen Staat oder dessen Obrigkeit oder Organen zu schädigen oder deren Ansehen herabzusetzen, wird mit Freiheitsentziehung bis zu 5 Jahren bestraft.

Art. 91. Wer offen oder versteckt für den Faschismus oder eine andere antidemokratische Ideologie oder die imperialistische Aggression wirbt oder faschistische oder antidemokratische Literatur zur Verbreitung aufbewahrt oder verbirgt, wird mit Freiheitsentziehung bis zu 5 Jahren bestraft.

Art. 91 a. *Aufgehoben durch das Gesetz vom 3. Februar 1956.*

5. Allgemeine Straftaten nach diesem Kapitel

Art. 92. Wer die Begehung einer Handlung nach diesem Kapitel propagiert, lobt oder billigt oder offenkundig zu einer solchen anstiftet, wird mit Freiheitsentziehung bis zu 10 Jahren bestraft, jedoch nicht mit einer schwereren Strafe, als sie für die Straftat selbst vorgesehen ist.

Art. 93. Eine Verschwörung in der Absicht, Straftaten nach diesem Kapitel zu begehen, wird mit Freiheitsentziehung von mindestens 5 Jahren bestraft; für die Organisatoren und Anführer ist die Strafe Freiheitsentziehung von mindestens 10 Jahren.

Der Teilnehmer wird nicht bestraft, der die Verschwörung verläßt und den Behörden anzeigt, bevor, außer der Bildung der Verschwörung selbst, etwas unternommen wurde und bevor diese aufgedeckt ist.

***Art. 94.** Die Vorbereitung zur Begehung einer Straftat nach diesem Kapitel wird mit Freiheitsentziehung bis zu 15 Jahren und mit Geldstrafe bis zu 20 000 Lewa bestraft, jedoch nicht mit einer schwereren Strafe, als sie für die vollendete Straftat vorgesehen ist.

Art. 95. Wer einer Person, die eine Straftat nach diesem Kapitel begangen hat, Schutz gewährt oder sie versteckt, wird mit Freiheitsentziehung bis zu 15 Jahren bestraft, jedoch nicht mit einer schwereren Strafe, als sie für die Straftat selbst vorgesehen ist.

Wurde die Handlung fahrlässig begangen, so ist die Strafe Freiheitsentziehung bis zu 3 Jahren.

Art. 96. Wer Kenntnis davon hat, daß irgendeine in diesem Kapitel vorgesehene Straftat begangen wird oder begangen wurde und dies den Behörden nicht meldet, wird mit Freiheitsentziehung bis zu 3 Jahren bestraft.

Wenn der Nichtanzeigende ein Beamter ist und die Straftat von einem seiner Untergebenen begangen wurde, so ist die Strafe Freiheitsentziehung bis zu 5 Jahren.

Art. 97. Wer den Druck von Werken zuläßt, die nach diesem Kapitel Gegenstand strafrechtlicher Verfolgung sind, wird mit Freiheitsentziehung bis zu 10 Jahren und, wenn die Handlung fahrlässig begangen wurde, mit Geldstrafe bis zu 300 000 Lewa bestraft.

6. Straftaten gegen andere Staaten der Werktätigen

Art. 98. Die Strafen, die für die Straftaten nach diesem Kapitel vorgesehen sind, werden auch gegen denjenigen verhängt, der eine dieser Straftaten gegen einen anderen Staat der Werktätigen oder gegen eine Streitmacht begeht, die mit der bulgarischen Armee gemeinsam handelt.

Sonderbestimmung

Art. 99. Bei den Straftaten nach diesem Kapitel erkennt das Gericht dem Schuldigen die Rechte gemäß Art. 28 ab und ordnet die teilweise oder vollständige Vermögenseinziehung an, außer wenn die Straftaten fahrlässig begangen wurden.

II.
STRAFTATEN GEGEN DAS WAHLRECHT

Art. 100. Wer durch Anwendung von Gewalt, Täuschung, Drohung, Bestechung oder auf andere ungesetzliche Weise jemanden an der freien Ausübung des Rechtes, zu wählen oder gewählt zu werden, hindert, wird mit Freiheitsentziehung bis zu 3 Jahren und mit Geldstrafe bis zu 100 000 Lewa bestraft.

Art. 101. Wer das Wahlrecht ausübt, ohne ein solches zu haben, wird mit Besserungsarbeit bis zu 6 Monaten oder mit Geldstrafe bis zu 5000 Lewa bestraft.

Art. 102. Ein Beamter oder ein Mitglied einer Wahlkommission, das in irgendeiner Weise ein Wahlergebnis fälscht, wird mit Freiheitsentziehung bis zu 3 Jahren bestraft.

Sonderbestimmung

Art. 103. Bei Straftaten nach Art. 100 und 102 kann das Gericht die Rechte gemäß Art. 28 aberkennen.

III.
STRAFTATEN GEGEN DAS GESELLSCHAFTLICHE EIGENTUM

***Art. 104.** Diebstahl staatlichen, genossenschaftlichen oder anderen gesellschaftlichen Vermögens wird mit Freiheitsentziehung bis zu 10 Jahren bestraft.

Diebstahl solchen Vermögens wird mit Freiheitsentziehung von 3 bis 15 Jahren bestraft:

1. wenn der Diebstahl in großem Ausmaß begangen ist;
2. wenn die gestohlene Sache von besonders großer Bedeutung ist;
3. wenn die gestohlene Sache nicht unter dauernder Aufsicht steht, wie landwirtschaftliche Erzeugnisse, Geräte, Maschinen, Vieh u. a., die auf dem Feld gelassen wurden, Wegzeichen usw.;
4. wenn der Diebstahl durch einen Beamten unter Ausnützung seiner Dienststellung begangen wurde, und
5. wenn der Diebstahl in der in Art. 183 vorgesehenen Weise begangen wurde.

In geringfügigen Fällen des Abs. 1 und der Ziff. 3 und 4 des Abs. 2 ist die Strafe Freiheitsentziehung bis zu 3 Jahren.

***Art. 104 a.** Raub staatlichen, genossenschaftlichen oder anderen gesellschaftlichen Vermögens wird mit Freiheitsentziehung nicht unter 10 Jahren bestraft. In den Fällen der Art. 185—188 werden die in diesen Artikeln vorgesehenen Strafen verhängt.

Art. 105. Unterschlagung staatlichen, genossenschaftlichen oder anderen gesellschaftlichen Vermögens wird mit Freiheitsentziehung bis zu 5 Jahren bestraft.

In geringfügigen Fällen ist die Strafe Freiheitsentziehung bis zu 3 Jahren.

***Art. 106.** Ein Beamter, der öffentliche oder private Gelder, Sachen oder andere Werte, die ihm in seiner Eigenschaft als Beamter übergeben oder zur Überwachung oder Verwaltung anvertraut wurden, sich zueignet, wird mit Freiheitsentziehung bis zu 15 Jahren bestraft.

Die Strafe ist Freiheitsentziehung von 5 bis zu 15 Jahren, wenn der Beamte, um die Aufdeckung der Tat zu verhindern oder zu erschweren, Dokumente oder Akten, die sich auf die unterschlagenen Sachen, Gelder oder Werte beziehen, fälscht oder vernichtet, oder wenn er außer der Unterschlagung eine andere mit dieser in Zusammenhang stehende Straftat begeht.

Mit der Strafe des vorstehenden Absatzes wird auch bestraft, wer durch Herstellen einer Urkunde mit unwahrem Inhalt oder einer unechten oder verfälschten Urkunde irgend jemand die Möglichkeit gibt, gesetzwidrig Geldsummen, Sachen oder Werte von einer staatlichen oder gesellschaftlichen Behörde, Unternehmung oder Organisation zu erhalten, sowie wer unter Ausnützung einer solchen Urkunde gesetzwidrig Geld, Sachen oder Werte von einer solchen Behörde, Unternehmung oder Organisation erhält.

Die Unterschlagung im Sinne der vorstehenden Absätze wird in besonders schweren Fällen mit Freiheitsentziehung von 20 Jahren oder mit dem Tode bestraft.

Die Straftaten im Sinne der Abs. 1, 2 und 3 werden in geringfügigen Fällen mit Freiheitsentziehung bis zu 3 Jahren bestraft.

***Art. 107.** Werden die unterschlagenen Sachen, Gelder oder Werte vor Eröffnung der ersten Sitzung des erstinstanzlichen Gerichts gebracht oder ersetzt, so ist die Strafe:

1. in den Fällen des Art. 105 Abs. 1 Freiheitsentziehung bis zu einem Jahr,
2. in den Fällen des Art. 105 Abs. 2 und Art. 106 letzter Absatz Besserungsarbeit,
3. in den Fällen des Art. 106 Abs. 1 Freiheitsentziehung bis zu 3 Jahren.

***Art. 108.** Zerstörung oder Beschädigung staatlichen, genossenschaftlichen oder anderen gesellschaftlichen Vermögens wird, sofern keine andere schwerere Strafe vorgesehen ist, mit Freiheitsentziehung bis zu 10 Jahren bestraft.

Wurde die Tat von einem Beamten oder einer Person begangen, der die Sache zur Arbeit, Benützung oder Bedienung überlassen wurde, so ist die Strafe Freiheitsentziehung bis zu 15 Jahren.

In geringfügigen Fällen der vorstehenden Absätze ist die Strafe Freiheitsentziehung bis zu 3 Jahren oder Geldstrafe bis zu 100 000 Lewa.

Wurde die Tat nach den Absätzen 1 und 2 grobfahrlässig begangen, so ist die Strafe Freiheitsentziehung bis zu 2 Jahren oder Geldstrafe bis zu 50 000 Lewa.

Art. 109. Brandstiftung an staatlichen, genossenschaftlichen oder anderen gesellschaftlichen Gebäuden, landwirtschaftlichen Erzeugnissen oder Inventar, Maschinen, Forsten, Brücken, Bergwerken oder anderen Gütern von bedeutendem Wert, wird mit Freiheitsentziehung von 5 bis zu 15 Jahren und in besonders schweren Fällen mit dem Tode bestraft.

Wurde die Tat fahrlässig begangen, so ist die Strafe Freiheitsentziehung bis zu 5 Jahren.

***Art. 110.**[1]) Wer Kenntnis davon hat, daß irgendeine in diesem Kapitel vorgesehene Straftat begangen wird oder begangen wurde, und dies den Behörden nicht meldet, wird mit Freiheitsentziehung bis zu 2 Jahren oder mit Geldstrafe bis zu 50 000 Lewa bestraft, jedoch nicht mit einer schwereren Strafe, als sie für die Straftat selbst vorgesehen ist.

Der vorstehende Absatz findet keine Anwendung gegenüber dem Ehegatten, Verwandten aufsteigender und absteigender Linie, Brüdern und Schwestern des Täters und deren Ehegatten.

Art. 111. Bei den in den Art. 193 bis 197 und 200 vorgesehenen Straftaten wird die im Gesetz vorgesehene Strafe um die Hälfte erhöht, wenn die Tat an staatlichem, genossenschaftlichem oder anderem gesellschaftlichem Vermögen begangen wird.

Sonderbestimmung

***Art. 112.** Bei Straftaten nach Art. 104 Abs. 2, 104 a, 105 Abs. 1, 106 Abs. 1 bis 4, 108 Abs. 1 und 2 und 109 Abs. 1 erkennt das Gericht dem Schuldigen die Rechte gemäß Art. 28 ab und ordnet die vollständige oder teilweise Einziehung seines Vermögens an.

IV.

STRAFTATEN GEGEN DIE VOLKSWIRTSCHAFT

Art. 113. Ein Beamter, der bei der Leitung, Verwaltung, Bewirtschaftung oder Erhaltung des ihm anvertrauten Vermögens oder der ihm zuge-

[1]) Abs. 2 eingefügt durch das Gesetz vom 3. Februar 1956.

teilten Arbeit nicht genügend Sorgfalt anwendet und hierdurch einen schweren Schaden, die Vernichtung oder die Vergeudung des Vermögens, die teilweise oder völlige Nichterfüllung der gestellten Wirtschaftsaufgaben oder andere schwere Schäden für das Unternehmen verursacht, wird mit Freiheitsentziehung bis zu 5 Jahren oder mit Besserungsarbeit bestraft.

Ist die Tat vorsätzlich begangen und enthält sie nicht die Merkmale einer schwereren Straftat, so ist die Strafe Freiheitsentziehung von 3 bis zu 10 Jahren.

Art. 114. Ein Beamter, der öffentliche Mittel (Geld, Materialien, Arbeit u. a.) für Zwecke verwendet, für die sie nicht bestimmt sind, wird mit Freiheitsentziehung bis zu einem Jahr oder mit Besserungsarbeit bestraft.

Die gleiche Strafe trifft einen Beamten, der Ausgaben macht oder anordnet für Bauten oder andere Zwecke, für die Mittel nicht vorgesehen oder nicht in vorschriftsmäßiger Weise bewilligt sind.

Art. 115. Wer als Leiter einer staatlichen oder gesellschaftlichen Unternehmung oder Behörde wissentlich ein nachteiliges Geschäft abschließt und hierdurch einen Schaden für die Unternehmung oder Behörde herbeiführt, wird mit Freiheitsentziehung bis zu 5 Jahren bestraft.

***Art. 116.** Wer Waren zu einem höheren als dem festgesetzten Preis verkauft oder für Dienstleistungen einen höheren als den gesetzlich zulässigen Lohn empfängt, wird mit Freiheitsentziehung bis zu 3 Jahren bestraft. Dies bezieht sich nicht auf Personen, die das Recht haben, zu freien Preisen zu verkaufen.

In geringfügigen Fällen ist die Strafe Geldstrafe bis zu 2000 Lewa.

Art. 117. Wer eine gesetzliche Anordnung zur Ausführung einer Arbeit oder zur Lieferung von Erzeugnissen auf Grund des Volkswirtschaftsplanes oder der staatlichen Wirtschaftsmaßnahmen nicht erfüllt, wird mit Freiheitsentziehung bis zu 3 Jahren und in geringfügigen Fällen mit Besserungsarbeit oder mit Geldstrafe bis zu 20 000 Lewa bestraft.

***Art. 118.** Wer innerhalb der angeordneten Frist landwirtschaftliche Erzeugnisse, die der obligatorischen Staatslieferung unterliegen, dem Staat nicht abliefert, wird mit Geldstrafe von 40 bis 4000 Lewa bestraft.

Übersteigt der Wert dieser Erzeugnisse 10 000 Lewa, so ist die Strafe Freiheitsentziehung bis zu 3 Jahren und Geldstrafe bis zu 200 000 Lewa.

Die Erzeugnisse werden in jedem Falle eingezogen. Sind sie nicht vorhanden, so wird eine Geldstrafe verhängt in Höhe ihres Wertes in Geld nach den Marktpreisen. Die Strafe dieses Absatzes wird nicht verhängt, wenn die Lieferung freiwillig vor Eröffnung der ersten Sitzung des erstinstanzlichen Gerichts erfüllt wird.

Art. 119. Wer die vom Staat empfangenen landwirtschaftlichen Erzeugnisse nicht zu dem Zweck, für den sie ihm gegeben sind, verwendet, wird mit Freiheitsentziehung bis zu 3 Monaten oder mit Geldstrafe bis zu 50 000 Lewa bestraft.

Art. 120. Wer als Leiter anordnet oder wissentlich zuläßt, daß minderwertige oder unvollständige Waren erzeugt werden oder Waren, die nicht den für ihre Qualität, den Typ oder die Bezeichnung festgesetzten Anforderungen entsprechen, wird mit Freiheitsentziehung von 3 bis 10 Jahren bestraft.

Der Leiter eines Handelsunternehmens, der planmäßig den Absatz solcher Waren zuläßt, wird mit Freiheitsentziehung bis zu 3 Jahren oder mit Besserungsarbeit bestraft.

***Art. 121.** Ein Verkäufer, der einen Käufer beim Wiegen oder Messen der Ware täuscht oder sich falscher Maße oder Waagen oder solcher, die nicht mit einem Eichzeichen versehen sind, bedient, wird mit Freiheitsentziehung bis zu 3 Jahren bestraft.

Ebenso wird bestraft:

a) wer den Käufer täuscht durch Beimischung von Fremdstoffen oder durch Verschlechterung der Ware auf andere Weise, und

b) wer den Kunden über die Qualität der Waren, Materialien oder Dienstleistungen täuscht.

In geringfügigen Fällen der Abs. 1 und 2 ist die Strafe Geldstrafe bis zu 2000 Lewa.

Wer den Käufer beim Berechnen des Preises täuscht und für die verkaufte Ware eine höhere als die gebührende Summe nimmt, wird mit Geldstrafe bis zu 2000 Lewa bestraft.

***Art. 121 a.**[1]) Wer ohne entsprechende Erlaubnis landwirtschaftliche Erzeugnisse oder Waren des Massenverbrauchs in der Absicht, sie zu verkaufen, kauft, oder das in dieser Absicht Gekaufte verkauft, wird mit Freiheitsentziehung bis zu 5 Jahren oder mit Besserungsarbeit bestraft.

***Art. 121 b.**[2]) Wer die Verordnungen oder Anordnungen des Ministerrats über das Außenhandelsmonopol verletzt, wird mit Freiheitsentziehung bis zu 3 Jahren bestraft.

In geringfügigen Fällen des vorstehenden Absatzes ist die Strafe Besserungsarbeit oder Geldstrafe bis zu 4000 Lewa.

Art. 122. Wer ein Unternehmen gründet oder leitet, das privatkapitalistische Interessen verfolgt, dies jedoch unter einer genossenschaftlichen Form verbirgt, in der Absicht, sich die für Genossenschaften vorgesehenen Vorrechte zu verschaffen, wird mit Freiheitsentziehung bis zu 5 Jahren bestraft.

Wer sich wissentlich an einem solchen scheingenossenschaftlichen Unternehmen beteiligt, um hieraus einen Vorteil zu ziehen, oder wer wissentlich zur Tarnung eines solchen Unternehmens mitwirkt, wird mit Freiheitsentziehung bis zu 2 Jahren oder mit Besserungsarbeit bestraft.

Wer Monopolabkommen abschließt oder sich an Monopolgesellschaften beteiligt, wird mit Freiheitsentziehung bis zu 5 Jahren bestraft.

Art. 123. Wer in der Absicht des unlauteren Wettbewerbs sich eigenmächtig fremder Waren-, Fabrik- oder Gewerbezeichen, Zeichnungen oder Modelle, einer fremden Firma oder einer fremden Bezeichnung bedient, wird mit Besserungsarbeit bis zu 6 Monaten oder mit Geldstrafe bis zu 10 000 Lewa bestraft.

Art. 124. Wer in irgendeiner Weise bewußt die Arbeitsdisziplin in einer staatlichen oder gesellschaftlichen Behörde oder Unternehmung untergräbt, wird mit Freiheitsentziehung bis zu 3 Jahren oder mit Besserungsarbeit bestraft.

---

[1]) Eingefügt durch das Gesetz vom 9. Februar 1953.

[2]) Eingefügt durch das Gesetz vom 3. Februar 1956.

Besonderer Teil

Sonderbestimmung

***Art. 125.** Bei Straftaten nach Art. 115, 120 Abs. 1, 121b Abs. 1 und 122 kann das Gericht die teilweise oder vollständige Einziehung des Vermögens des Schuldigen anordnen und ihm gemäß Art. 28 die Rechte aberkennen.

V.
STRAFTATEN GEGEN DIE PERSON

1. Tötung

Art. 126 Wer vorsätzlich einen anderen tötet, wird wegen Tötung mit Freiheitsentziehung von mindestens 10 Jahren bestraft.

Art. 127. Die Tötung:

1. einer Militärperson oder eines Beamten der Volksmiliz sowie einer Militärperson eines verbündeten oder befreundeten Staates oder einer solchen Armee;
2. durch einen Beamten bei oder anläßlich der Dienstausübung;
3. eines Beamten bei oder anläßlich der Dienstausübung;
4. des Vaters oder der Mutter sowie des eigenen Sohnes oder der eigenen Tochter;
5. von mehr als einer Person oder einer Schwangeren;
6. in einer das Leben mehrerer Personen gefährdenden Weise oder mit solchen Mitteln oder in einer für den Getöteten besonders grausamen Weise;
7. in eigennütziger Absicht;
8. in der Absicht, eine andere Straftat zu erleichtern oder zu verdecken;
9. einer Person, die sich in hilflosem Zustand befindet und
10. mit Vorbedacht begangen

wird mit Freiheitsentziehung von mindestens 15 Jahren und in besonders schweren Fällen mit dem Tode bestraft.

***Art. 128.** Tötung im Zustand starker Erregung begangen, die von dem Opfer durch Gewalt, schwere Beleidigung oder Verleumdung gegen den Schuldigen oder seine Angehörigen hervorgerufen wurde, wird mit Freiheitsentziehung, in den Fällen des Art. 126 bis zu 5 Jahren, und in den Fällen des Art. 127 Ziff. 1—6 und 9 bis zu 8 Jahren bestraft.

Art. 129. Tötung in Überschreitung der Grenzen der Notwehr begangen, wird mit Freiheitsentziehung bis zu 3 Jahren bestraft.

Art. 130. Wer fahrlässig den Tod eines anderen verursacht, wird mit Freiheitsentziehung bis zu 3 Jahren bestraft.

Wurde der Tod mit einer Feuerwaffe verursacht, so ist die Strafe Freiheitsentziehung bis zu 5 Jahren.

***Art. 131.** Wer als Arzt, Kraftfahrer oder in Ausübung eines sonstigen Berufs durch mangelnde Kenntnis oder nachlässige Ausübung seines Berufs den Tod eines anderen verursacht, wird mit Freiheitsentziehung bis zu 10 Jahren und mit Geldstrafe bis zu 50 000 Lewa bestraft.

Die gleiche Strafe trifft denjenigen, der durch Handlungen, die sich auf einen Beruf beziehen, zu dessen Ausübung er nicht berechtigt ist, fahrlässig den Tod eines anderen verursacht.

Befand sich der Täter in den vorstehenden Fällen in betrunkenem Zustand oder verursachte er den Tod von mehr als einer Person, so ist die Strafe Freiheitsentziehung von mindestens 10 Jahren, in besonders schweren Fällen Freiheitsentziehung von 20 Jahren oder die Todesstrafe.

Art. 132. Eine Mutter, die fahrlässig den Tod ihres noch nicht geborenen oder eben erst geborenen Kindes verursacht, wird nicht bestraft.

Art. 133. Die Vorbereitung einer Tötung wird mit Freiheitsentziehung bis zu 2 Jahren bestraft.

Die gleiche Strafe trifft denjenigen, der einen anderen zur Tötung anstiftet.

Art. 134. *Aufgehoben durch das Gesetz vom 3. Februar 1956*[1]).

***Art. 135**[2]). Wer außerhalb der vom Ministerium für Volksgesundheit und Sozialfürsorge bestimmten Heilanstalten oder unter Verletzung der von diesem Ministerium festgesetzten Regeln mit Einwilligung der Schwangeren deren Frucht tötet, wird mit Freiheitsentziehung bis zu 3 Jahren, und wenn der Schuldige keine medizinische Qualifikation hat, mit Freiheitsentziehung bis zu 5 Jahren bestraft.

Wurde die Abtötung der Frucht ohne Einwilligung der Schwangeren begangen, so ist die Strafe Freiheitsentziehung von 2—8 Jahren.

Ist im letzteren Falle der Tod der Schwangeren eingetreten, so ist die Strafe Freiheitsentziehung nicht unter 10 Jahren.

Art. 136. Eine Tötung, die eine Mutter an ihrem Kind während der Geburt oder kurz danach begeht, wird mit Freiheitsentziehung bis zu 5 Jahren bestraft.

Art. 137. Wegen Tötung eines eben erst geborenen Kindes von widernatürlichem Aussehen wird der schuldige Elternteil mit Freiheitsentziehung bis zu einem Jahr bestraft.

Art. 138. Wer in irgendeiner Weise einen anderen beim Selbstmord unterstützt oder ihn dazu bewegt, wird, wenn dieser begangen oder nur versucht wird, mit Freiheitsentziehung bis zu 3 Jahren bestraft.

Wird die gleiche Straftat gegen einen Minderjährigen oder eine Person begangen, von der der Schuldige weiß, daß sie unfähig ist, ihr Verhalten zu beherrschen oder daß sie die Art und Bedeutung des Begangenen nicht erfaßt, so ist die Strafe Freiheitsentziehung von 3—10 Jahren.

Die gleiche Strafe trifft denjenigen, der durch Grausamkeit oder in ähnlicher Weise eine Person, die sich in materieller oder anderer Abhängigkeit von ihm befindet, zum Selbstmord treibt, wenn dieser begangen oder nur versucht wird.

2. Körperverletzung

Art. 139. Wer einem anderen eine schwere Körperverletzung zufügt, wird mit Freiheitsentziehung von 3—10 Jahren bestraft.

Eine Körperverletzung ist schwer, wenn sie verursacht: dauernde Bewußtseinsstörung, Blindheit, Taubheit, Stummheit, Zeugungsunfähigkeit, eine Verunstaltung, welche die dauernde Störung des Sprechvermögens

[1]) Art. 134 betraf die Verantwortlichkeit einer Schwangeren, die selbst oder durch einen anderen ihre Frucht tötet.

[2]) Abgeändert durch das Gesetz vom 3. Februar 1956. Nach der ursprünglichen Fassung war jede Abtreibung mit Einwilligung der Schwangeren strafbar.

oder eines anderen Sinnesorgans zur Folge hat, dauernde, allgemeine, lebensgefährliche Gesundheitsstörung oder Verlust oder dauernde Verkrüppelung des Beines oder der Hand.

***Art. 140.** Wer einem andern eine mittelschwere Körperverletzung zufügt, wird mit Freiheitsentziehung bis zu 5 Jahren bestraft.

Mittelschwere Körperverletzung ist: Schwächung der Sehkraft, des Gehörs oder der Sprache; Behinderung der Bewegungsfähigkeit des Körpers oder Verletzung der Zeugungsorgane ohne Herbeiführung von Zeugungsunfähigkeit; Einschlagen von Zähnen, wenn dadurch das Kauen oder Sprechen erschwert wird; Entstellung des Gesichts; dauernde, jedoch nicht lebensgefährliche oder zeitweilige lebensgefährliche Gesundheitsstörung und Verletzungen, die in die Schädel-, Brust- oder Bauchhöhle eindringen.

Art. 141. Wer einem anderen eine leichtere Körperverletzung zufügt, wird mit Freiheitsentziehung bis zu 6 Monaten oder Besserungsarbeit bis zu 6 Monaten bestraft.

Leichte Körperverletzung ist jede Gesundheitsstörung mit Ausnahme der in Art. 139 und 140 genannten Fälle sowie die Zufügung von Schmerzen und Leiden.

Art. 142. Das Gericht kann bei leichter Körperverletzung dem Angeklagten die Strafe erlassen oder beide bestrafen, wenn der Verletzte sie gleichfalls mit einer leichten Körperverletzung erwidert hat.

Art. 143. Ist durch die Körperverletzung der Tod verursacht worden, so ist die Strafe Freiheitsentziehung: von 5—15 Jahren bei schwerer Körperverletzung, von 3—10 Jahren bei mittelschwerer Körperverletzung und von 1—5 Jahren bei leichter Körperverletzung.

Art. 144. Die Zufügung einer Körperverletzung:

1. gegen eine Militärperson oder einen Beamten der Volksmiliz sowie gegen eine Militärperson eines verbündeten oder befreundeten Staates oder einer solchen Armee bei oder anläßlich der Ausübung des Dienstes;
2. gegen einen Beamten bei oder anläßlich der Dienstausübung;
3. durch einen Beamten bei oder anläßlich der Dienstausübung;
4. gegen die Mutter oder gegen den Vater;
5. in einer für den Verletzten besonders qualvollen Weise und
6. gegen eine Schwangere, wenn dadurch eine Frühgeburt ausgelöst wird,

wird mit Freiheitsentziehung bestraft: von 5 bis 12 Jahren bei schwerer Körperverletzung, von 2 bis 5 Jahren bei mittelschwerer Körperverletzung und bis zu einem Jahr bei leichter Körperverletzung.

Art. 145. Eine Verletzung, die einem anderen im Zustand starker Erregung zugefügt wurde, die von dem Verletzten durch Gewalt, Beleidigung oder Verleumdung gegen den Schuldigen oder seine Angehörigen hervorgerufen wurde, wird bestraft mit:

1. Freiheitsentziehung bis zu 3 Jahren bei schwerer Körperverletzung;
2. Freiheitsentziehung bis zu einem Jahr bei mittelschwerer Körperverletzung und
3. Besserungsarbeit bis zu 2 Monaten oder Geldstrafe bis zu 5000 Lewa bei leichter Körperverletzung.

V. Straftaten gegen die Person

Art. 146. Fahrlässige schwere Körperverletzung und fahrlässige mittelschwere Körperverletzung wird mit Freiheitsentziehung bis zu 6 Monaten oder Besserungsarbeit bestraft.

Hat der Schuldige eine solche Verletzung durch mangelnde Kenntnis oder nachlässige Ausübung seines Berufs verursacht, so ist die Strafe Freiheitsentziehung bis zu 8 Jahren bei schwerer Körperverletzung und bis zu 3 Jahren bei mittelschwerer Körperverletzung.

Die gleiche Strafe trifft denjenigen, der fahrlässig eine solche Verletzung verursacht durch Handlungen, die sich auf einen Beruf beziehen, zu dessen Ausübung er nicht berechtigt ist.

Wurde in den Fällen der Abs. 2 und 3 die Verletzung von mehr als einer Person verursacht oder befand sich der Schuldige in betrunkenem Zustand, so ist die Strafe Freiheitsentziehung bis zu 10 Jahren.

***Art. 147.** Wer, obwohl er weiß, daß er an einer Geschlechtskrankheit leidet, einen anderen mit dieser Krankheit ansteckt, wird mit Freiheitsentziehung bis zu 3 Jahren und mit Geldstrafe bis zu 50 000 Lewa bestraft.

Wer durch Geschlechtsverkehr oder in anderer Weise eine andere Person in Gefahr der Ansteckung mit einer Geschlechtskrankheit bringt, wird mit Besserungsarbeit bestraft.

Eine Person, die an einer Geschlechtskrankheit leidet und nach Aufforderung durch die zuständigen Staatsorgane sich weigert, sich ärztlich behandeln zu lassen, wird mit Besserungsarbeit bestraft.

3. Aussetzung und Unterlassung von Hilfeleistung

Art. 148. Wer eine Person, die wegen Minderjährigkeit, hohen Alters, Krankheit oder überhaupt wegen ihrer Hilflosigkeit der Möglichkeit sich selbst zu erhalten beraubt ist, in einer Weise aussetzt, daß ihr Leben in Gefahr sein kann und, obwohl er dies erkannt hat, ihr keine Hilfe leistet, wird mit Freiheitsentziehung bis zu 3 Jahren bestraft.

Wurde die Handlung von einer Person begangen, die gesetzlich oder vertraglich zur Fürsorge verpflichtet ist, so ist die Strafe Freiheitsentziehung von 2 bis 5 Jahren.

Art. 149. Wer wissentlich, obwohl er Hilfe zu leisten vermag, einer Person keine Hilfe leistet, für die zu sorgen er verpflichtet ist, und die sich in einer Lebensgefahr befindet und wegen Minderjährigkeit, hohen Alters, Krankheit oder überhaupt wegen ihrer Hilflosigkeit keine Möglichkeit hat sich selbst zu erhalten, wird mit Freiheitsentziehung bis zu einem Jahr oder Besserungsarbeit bestraft.

Art. 150. Wer Vorschriften verletzt, die zum Schutz der Arbeitssicherheit erlassen worden sind und dadurch das Leben und die Gesundheit der Werktätigen gefährdet, wird mit Freiheitsentziehung bis zu 3 Jahren oder mit Besserungsarbeit und öffentlichem Tadel bestraft.

Art. 151. Wer bei Lebensgefahr eines anderen keine Hilfe leistet, obwohl er dieses ohne Gefahr für sich oder einen anderen hätte tun können, wird mit Besserungsarbeit bis zu 6 Monaten oder Geldstrafe bis zu 5000 Lewa bestraft.

Der Führer eines Verkehrsmittels, der nach einem Verkehrsunfall, an dem er beteiligt war, einer verunglückten Person nicht die notwendige

Hilfe leistet, die er ohne Gefahr für sich oder einen anderen leisten kann, wird mit Freiheitsentziehung bis zu 2 Jahren bestraft.

Art. 152. Eine Person, die einen medizinischen Beruf ausübt und nach Aufforderung ohne triftige Gründe einem Kranken oder einer Wöchnerin keine Hilfe leistet, wird mit Besserungsarbeit oder mit Geldstrafe bis zu 10 000 Lewa bestraft.

War dem Schuldigen bekannt, daß der Kranke oder die Wöchnerin sich in einem gefährlichen Zustand befand, so ist die Strafe Freiheitsentziehung bis zu einem Jahr und Geldstrafe bis zu 10 000 Lewa.

Wer einem Kranken Hilfe zu leisten verpflichtet ist und sie ohne triftige Gründe nicht leistet, wird mit Besserungsarbeit bis zu 6 Monaten oder mit Geldstrafe bis zu 5000 Lewa bestraft.

Art. 153. Wer zum Unterhalt seines Ehegatten, eines Verwandten aufsteigender oder absteigender Linie, seines Bruders oder seiner Schwester verurteilt ist, und absichtlich die Erfüllung seiner Verpflichtungen mehr als 3 Monate verzögert, wird mit Freiheitsentziehung bis zu 2 Jahren oder mit Besserungsarbeit bestraft.

Die gleiche Strafe trifft denjenigen, der absichtlich seine Unfähigkeit Unterhalt zu leisten herbeiführt, sei es durch Übertragung seines Vermögens, sei es durch Nichtausübung seiner Rechte oder auf andere Weise.

Der Schuldige wird nicht bestraft, wenn er vor Erlaß des Urteils seine Verpflichtungen erfüllt und andere Schadensfolgen für den Verletzten nicht eingetreten sind.

Art. 154. Eltern oder Vormünder, welche die unter ihre elterliche Fürsorge oder Vormundschaft gestellten Personen ohne Aufsicht und genügende Fürsorge lassen, werden mit Freiheitsentziehung bis zu einem Jahr oder Besserungsarbeit bestraft.

Art. 155. Wer einen Minderjährigen oder Unzurechnungsfähigen durch alkoholische Getränke betrunken macht, wird mit Besserungsarbeit bis zu 6 Monaten oder mit Geldstrafe bis zu 10 000 Lewa bestraft.

4. Freiheitsberaubung

Art. 156. Wer widerrechtlich jemanden der Freiheit beraubt, wird mit Freiheitsentziehung bis zu einem Jahr oder mit Besserungsarbeit bestraft.

Wurde die Tat in einer grausamen oder für die Gesundheit des Verletzten gefährlichen Weise ausgeführt, so ist die Strafe Freiheitsentziehung von 2 bis 5 Jahren.

Die gleiche Strafe trifft denjenigen, der wissentlich eine gesunde Person in einem Krankenhaus für Geisteskranke unterbringt oder festhält.

Art. 157. Wer eigenmächtig ein fremdes Kind, das noch nicht 14 Jahre alt ist, aufnimmt oder bei sich behält und es nicht seinen Eltern oder seinem Vormund zurückgibt, wird mit Freiheitsentziehung bis zu einem Jahr bestraft.

Geschah dies durch Gewaltanwendung, Drohung oder Betrug, oder in der Absicht, das Kind zu eigennützigen oder unsittlichen Zwecken zu gebrauchen, so ist die Strafe Freiheitsentziehung von 2 bis zu 5 Jahren.

Art. 158. Wer ein Findelkind oder ein verirrtes Kind unter 7 Jahren aufnimmt und innerhalb 2 Wochen nach der Aufnahme dieses nicht der örtlichen Miliz, seinen Eltern oder seinem Vormund meldet, wird mit Freiheitsentziehung bis zu 3 Monaten oder mit Besserungsarbeit bis zu 6 Monaten bestraft.

5. Nötigung.

Art. 159. Wer einen anderen unter Anwendung von Gewalt, Drohung oder Mißbrauch seiner Macht dazu nötigt, etwas gegen seinen Willen zu tun, zu unterlassen oder zu dulden, wird mit Freiheitsentziehung bis zu 3 Jahren oder mit Besserungsarbeit bestraft.

Art. 160. Wer einen anderen unter Anwendung von Gewalt, Drohung oder Mißbrauch seiner Macht zur Begehung einer Straftat zu nötigen versucht, wird mit Freiheitsentziehung bis zu 5 Jahren oder mit Besserungsarbeit bestraft.

Wer eine noch nicht volljährige Person zur Begehung einer Straftat, zur Prostitution oder Bettelei nötigt, wird mit Freiheitsentziehung bis zu 3 Jahren bestraft.

Art. 161. Wer einen anderen mit einer Straftat gegen seine Person oder sein Vermögen oder gegen die Person oder das Vermögen seiner Angehörigen bedroht, wird, wenn diese Drohung geeignet war, begründete Furcht vor ihrer Verwirklichung hervorzurufen, mit Freiheitsentziehung bis zu 3 Monaten oder mit Besserungsarbeit bis zu 6 Monaten bestraft.

Die Bedrohung eines Beamten bei oder anläßlich der Dienstausübung wird mit Freiheitsentziehung bis zu 6 Monaten oder mit Besserungsarbeit bestraft.

6. Verletzung der Unantastbarkeit der Wohnung

Art. 162. Wer in eine fremde Wohnung unter Anwendung von Gewalt, Drohung, List, Gewandtheit, Nachschlüssel oder unter Mißbrauch von Macht widerrechtlich eintritt, wird mit Freiheitsentziehung bis zu einem Jahr oder Besserungsarbeit bis zu 6 Monaten bestraft.

Erfolgte das Eintreten zur Nachtzeit oder von einer bewaffneten Person oder von mehreren Personen, so ist die Strafe Freiheitsentziehung bis zu 3 Jahren.

Wer widerrechtlich in einer fremden Wohnung verweilt, entgegen der ausdrücklichen Aufforderung sie zu verlassen, wird mit Besserungsarbeit bis zu 6 Monaten oder mit Geldstrafe bis zu 5000 Lewa bestraft.

Wer in der in Abs. 1 bezeichneten Weise in ein fremdes Gebäude eindringt, das nicht als Wohnung dient, wird mit Besserungsarbeit bis zu 3 Monaten oder mit Geldstrafe bis zu 3000 Lewa bestraft.

7. Verrat eines fremden Geheimnisses

***Art. 163.** Wer widerrechtlich ein fremdes Geheimnis verrät, das den guten Ruf eines anderen gefährdet, und das ihm anvertraut oder im Zusammenhang mit seinem Beruf bekannt geworden ist, wird mit Freiheitsentziehung bis zu einem Jahr oder Besserungsarbeit bestraft.

Behandelnde Ärzte und andere Amtspersonen können über die Krankheit eines Geschlechtskranken und die Umstände, unter denen er sich angesteckt hat, Auskunft geben, jedoch nur auf Anordnung der staatsanwaltschaftlichen oder gerichtlichen Organe.

Art. 164. Wer widerrechtlich:

1. einen fremden Brief, ein Telegramm, ein versiegeltes Schriftstück, ein Paket oder dergleichen öffnet, fälscht, verheimlicht oder vernichtet;
2. einen fremden, wenn auch offenen Brief oder ein Telegramm in der Absicht an sich nimmt, von dessen Inhalt Kenntnis zu nehmen, oder in der gleichen Absicht, einen fremden Brief oder ein Telegramm einem anderen übergibt,

wird mit Freiheitsentziehung bis zu einem Jahr bestraft.

Wurde die Tat von einem Beamten unter Ausnutzung seiner Dienststellung begangen, so ist die Strafe Freiheitsentziehung bis zu 3 Jahren.

8. Beleidigung und Verleumdung

Art. 165. Wer etwas für die Ehre oder die Würde eines anderen Herabsetzendes in dessen Gegenwart sagt oder tut, wird wegen Beleidigung mit Freiheitsentziehung bis zu 6 Monaten oder mit Besserungsarbeit bis zu 3 Monaten oder mit Geldstrafe bis zu 400 Lewa bestraft. Das Gericht kann in diesem Fall auch die Strafe des öffentlichen Tadels verhängen.

Erwidert der Beleidigte sogleich die Beleidigung, so kann das Gericht beide bestrafen oder beide für nicht verantwortlich erklären.

Art. 166. Wer über einen anderen einen entehrenden Umstand verbreitet oder ihm eine Straftat unterstellt, wird wegen Verleumdung mit Freiheitsentziehung bis zu 6 Monaten oder mit Besserungsarbeit bis zu 6 Monaten oder mit Geldstrafe bis zu 600 Lewa bestraft. Das Gericht kann in diesem Falle auch die Strafe des öffentlichen Tadels verhängen.

Der Schuldige wird nicht bestraft, wenn er die Wahrheit des verbreiteten Umstandes oder der behaupteten Straftat beweist.

***Art. 167.** Beleidigung oder Verleumdung:

1. die öffentlich zugefügt wurde, wenn auch in Abwesenheit des Beleidigten,
2. die durch Druckerzeugnisse oder in anderer Weise verbreitet wurde,
3. eines Beamten bei oder anläßlich der Dienstausübung und
4. durch einen Beamten bei oder anläßlich der Dienstausübung

wird mit Freiheitsentziehung bis zu 2 Jahren und mit Geldstrafe bis zu 5000 Lewa bestraft.

Das Gericht kann in diesen Fällen auch die Strafe des öffentlichen Tadels verhängen.

Art. 166 Abs. 2 findet auch in den Fällen der Verleumdung im Sinne dieses Artikels Anwendung. Artikel 165 Abs. 2 jedoch nur in den Fällen der Ziff. 1 und 2.

Art. 168. Wer wissentlich unwahre Umstände verbreitet, die den wirtschaftlichen Kredit oder den Ruf einer Person, eines Vereins oder einer staatlichen oder gesellschaftlichen Behörde oder Unternehmung oder das Vertrauen in die beruflichen Fähigkeiten einer Person untergraben, wird mit Besserungsarbeit oder mit Geldstrafe bis zu 20 000 Lewa bestraft.

V. Straftaten gegen die Person

9. Unzucht

Art. 169. Wer mit einer Person, die das 14. Lebensjahr noch nicht vollendet hat oder, obgleich sie es vollendet hat, ohne ihre Einwilligung oder ohne, daß sie die Natur und die Bedeutung der Handlung erfaßt, eine Handlung vornimmt zum Zwecke der Erregung oder Befriedigung eines sinnlichen Verlangens ohne Beischlaf, wird wegen Unzucht mit Freiheitsentziehung von 1—5 Jahren bestraft.

Art. 170. Wer eine Person weiblichen Geschlechtes ohne deren Einverständnis zum Zwecke der Unzucht entführt, oder, zwar mit deren Einwilligung, jedoch ohne daß sie die Bedeutung dessen erfaßt, wozu sie die Einwilligung gegeben hat, wird mit Freiheitsentziehung bis zu 3 Jahren oder mit öffentlichem Tadel bestraft.

Art. 171. Wer mit einer Person den Beischlaf vollzieht, die das 14. Lebensjahr noch nicht vollendet hat oder die, obgleich sie es vollendet hat, die Natur und die Bedeutung der Handlung nicht erfaßt, wird mit Freiheitsentziehung von 2—5 Jahren bestraft.

Art. 172. Wer mit einer Person weiblichen Geschlechts den Beischlaf vollzieht,

1. die der Möglichkeit der Selbstverteidigung beraubt ist und zu der Tat keine Einwilligung gegeben hat;
2. die durch Gewalt oder Drohung gezwungen wurde;
3. die in einen hilflosen Zustand versetzt wurde,

wird wegen Notzucht mit Freiheitsentziehung von 3—10 Jahren bestraft.

Die Notzucht wird mit Freiheitsentziehung von 5—15 Jahren bestraft:

1. wenn das Opfer das 16. Lebensjahr noch nicht vollendet hat;
2. wenn es eine Verwandte absteigender oder aufsteigender Linie ist;
3. wenn es infolge der Notzucht stirbt oder Selbstmord verübt;
4. wenn die Notzucht von mehreren verübt wurde.

Art. 173. Wer mit einer Person weiblichen Geschlechts den Beischlaf vollzieht, indem er sie unter Ausnützung ihrer materiellen oder dienstlichen Abhängigkeit von ihm dazu nötigt, wird mit Freiheitsentziehung von 1—5 Jahren bestraft.

Art. 174. Beischlaf zwischen Verwandten aufsteigender und absteigender Linie, zwischen Verwandten der Seitenlinie bis zum 3. Grad und Verschwägerten bis zum 2. Grad wird mit Freiheitsentziehung bis zu 3 Jahren bestraft.

Art. 175. Wer eine Person weiblichen Geschlechts zur Prostitution anhält oder zur Unzucht oder zum Beischlaf verkuppelt, wird mit Freiheitsentziehung bis zu 5 Jahren bestraft.

Wer Räume zur Ausübung von Unzucht irgendwelcher Art eröffnet oder unterhält, wird mit Freiheitsentziehung bis zu 10 Jahren und mit Geldstrafe bis zu 500 000 Lewa bestraft.

***Art. 176.** Der Geschlechtsverkehr oder die geschlechtliche Befriedigung zwischen Personen des gleichen Geschlechts wird mit Freiheitsentziehung bis zu 3 Jahren bestraft.

Wurde die Tat unter Anwendung von Gewalt oder Ausnützung eines Abhängigkeitsverhältnisses begangen, oder wurde sie mit einer Person begangen, die das 14. Lebensjahr noch nicht vollendet hat, so wird der Schuldige mit Freiheitsentziehung von 2—5 Jahren bestraft.

Art. 177. In den Fällen der Art. 169—171 und 173 wird eine Strafe nicht verhängt, wenn es zwischen dem Mann und der Frau zur Ehe kommt.

Art. 178. Wer Schriften, Druckerzeugnisse, Bilder, Filme oder andere Gegenstände pornographischen Inhalts herstellt, verbreitet, ausstellt, vorführt oder verkauft, wird mit Besserungsarbeit oder mit Geldstrafe bis zu 50 000 Lewa bestraft.

Sonderbestimmungen

***Art. 179.** Bei Straftaten nach Art. 141, 144 Ziff. 4, und 145 in den Fällen der mittelschweren und leichten Körperverletzung, nach Art. 146, Abs. 1, 159, 161, 162 Abs. 1, 3 und 4, 163, 164 Abs. 1, 165, 166, 167 Ziff. 1 und 2 wird die Strafverfolgung auf Antrag des Verletzten eingeleitet.

Art. 180. Bei Straftaten nach Art. 126—128, 131, 135 Abs. 2 und 3, 138 Abs. 2 und 3, 139, 143, 144 bei schwerer Körperverletzung, 169—173 und 175 kann das Gericht auch die teilweise oder vollständige Einziehung des Vermögens des Schuldigen anordnen. Im Falle der Art. 126, 127 und 131 sind dem Schuldigen die Rechte gemäß Art. 28 abzuerkennen, in den übrigen vorstehend bezeichneten Fällen kann das Gericht nach demselben Artikel die Rechte aberkennen.

VI.
STRAFTATEN GEGEN DAS PERSÖNLICHE EIGENTUM

1. Diebstahl

Art. 181. Wer eine fremde bewegliche Sache aus dem Besitz eines anderen ohne dessen Einwilligung wegnimmt in der Absicht, sie sich rechtswidrig zuzueignen, wird wegen Diebstahls mit Freiheitsentziehung bis zu 3 Jahren bestraft.

In geringfügigen Fällen wird der Diebstahl mit Freiheitsentziehung bis zu 6 Monaten oder mit Besserungsarbeit bestraft.

Diebstahl liegt auch vor, wenn ein Teil der Sache dem Schuldigen gehört.

Art. 182. Diebstahl wird mit Freiheitsentziehung bis zu 5 Jahren bestraft:

1. wenn der Diebstahl von mehreren begangen wurde, oder von einer Person, die bewaffnet war, auch wenn sie von der Waffe keinen Gebrauch machte;
2. wenn der Gegenstand des Diebstahls seiner Natur oder der Gewohnheit nach nicht unter dauernder Aufsicht stand, wie landwirtschaftliche Geräte, Vieh oder Erzeugnisse u. a., die auf dem Feld gelassen wurden, oder wenn er sich in einem Bahnhof, Hafen, Schiff, Waggon, Autobus, Hotel oder an einem anderen öffentlichen Ort befand;
3. wenn er von einer Person begangen wurde, die mit dem Geschädigten in der gleichen Wohnung oder Haushaltung lebt, oder mit ihm im gleichen Raume arbeitet;
4. wenn er von einem Beamten unter Ausnützung seiner Stellung begangen wurde;

5. wenn sich der Täter zum Zwecke der Begehung des Diebstahls fälschlich als Organ der Staatsgewalt ausgegeben hat;
6. wenn der Diebstahl mit Hilfe zugeeigneter oder gestohlener Schlüssel begangen wurde, und
7. wenn die Sache bei einer Leiche gestohlen wurde.

Art. 183. Diebstahl wird mit Freiheitsentziehung von 3—10 Jahren bestraft:

1. wenn er während eines Brandes, einer Überschwemmung, eines Schiffsbruchs, einer Katastrophe, eines Krieges oder eines anderen öffentlichen Notstandes begangen wurde;
2. wenn der Schuldige durch Zerstören, Beschädigen, Zerbrechen, Durchschlagen, Einreißen oder Untergraben von zum Schutze von Menschen oder Vermögen fest errichteten Abgrenzungen eingedrungen ist, oder wenn er sich nicht des für den ordnungsgemäßen Gebrauch bestimmten Zuganges bedient hat und solche Hindernisse oder Abgrenzungen überwunden hat, die nicht ohne Zuhilfenahme von künstlichen Mitteln oder besondere Geschicklichkeit überwunden werden können;
3. wenn er mittels eines Nachschlüssels oder eines anderen nicht zum Öffnen bestimmten Werkzeuges begangen wurde, oder wenn zu diesem Zweck ein Hängeschloß oder eine andere Vorrichtung, die einer abgeschlossenen Räumlichkeit einen festen Schutz bietet und zu deren Entfernung eine ernsthafte gewaltsame Einwirkung notwendig ist, zerschnitten, zerbrochen, abgebrochen oder herausgerissen wurde;
4. wenn er von einer organisierten Gruppe begangen wurde, und
5. wenn er wiederholt begangen wurde und es sich nicht um geringfügige Fälle handelt.

2. Raub

Art. 184. Wer unter Anwendung von Gewalt oder Drohung einem anderen eine fremde bewegliche Sache wegnimmt in der Absicht, sie sich rechtswidrig zuzueignen, wird wegen Raubes mit Freiheitsentziehung von 3—10 Jahren bestraft.

Drohung ist die Bedrohung mit einer unmittelbaren Handlung, die das Leben, die Gesundheit, die Ehre oder das Vermögen des Bedrohten oder irgendeiner anderen anwesenden Person einer schweren Gefahr aussetzt.

Raub ist jeder Diebstahl, bei dem der am Ort der Straftat Betroffene Gewalt oder Drohung anwendet, um sich den Besitz der gestohlenen Sache zu erhalten.

Raub liegt auch vor, wenn zur Begehung des Diebstahls eine Person in Bewußtlosigkeit oder in einen wehrlosen Zustand versetzt wurde.

Art. 185. Raub,

1. von zwei oder mehr Personen begangen, welche die Begehung eines Diebstahls oder Raubes verabredet hatten,
2. mit schwerer Körperverletzung verbunden, und
3. wiederholt begangen,

wird mit Freiheitsentziehung von 20 Jahren bestraft.

Art. 186. Raub,

1. von zwei oder mehr Personen begangen, welche die Begehung eines

Diebstahls oder Raubes verabredet hatten, wenn einer der Täter bewaffnet war,

2. mit schwerer Körperverletzung verbunden, wenn der Tod die Folge war oder wenn der Täter bewaffnet war, und
3. mit einer Tötung verbunden

wird mit dem Tode bestraft.

Art. 187. Die Verabredung zum Raube wird mit Freiheitsentziehung bis zu 10 Jahren bestraft.

Art. 188. Wer eine Person, die einen Raub begangen hat, in Kenntnis ihrer Eigenschaft verbirgt, wird mit Freiheitsentziehung von 2—5 Jahren bestraft.

Die Bestimmung des Art. 226 Abs. 3 findet in diesem Falle Anwendung.

3. Unterschlagung

Art. 189. Wer eine fremde bewegliche Sache, die er in Besitz oder Gewahrsam hat, sich rechtswidrig zueignet, wird wegen Unterschlagung mit Freiheitsentziehung bis zu 3 Jahren bestraft.

In geringfügigen Fällen ist die Strafe Besserungsarbeit.

Die Zueignung gilt als vollendet, wenn der Besitzer oder Gewahrsamsinhaber über die Sache wie über sein Eigentum verfügt oder in Abrede stellt, daß sie derjenigen Person gehört, die das Recht auf Herausgabe hat.

Unterschlagung liegt auch vor, wenn ein Teil der Sache dem Täter gehört.

Art. 190. Mit der Strafe des vorstehenden Artikels wird auch derjenige bestraft, der über eine eigene Sache verfügt, die gepfändet und in seinem Gewahrsam belassen ist.

Art. 191. Wer eine fremde Sache findet und sie innerhalb einer Woche nicht der Behörde oder der Person übergibt, die sie verloren hat, oder wer widerrechtlich sich eine fremde Sache zueignet, die ihm durch Zufall oder Irrtum in die Hände gefallen ist, wird mit Besserungsarbeit bis zu 3 Monaten oder mit Geldstrafe bis zu 10 000 Lewa bestraft.

Art. 192. Wer einen Schatz entdeckt und innerhalb einer Woche nicht der Behörde meldet, wird mit Besserungsarbeit bis zu 6 Monaten oder mit Geldstrafe bis zu 10 000 Lewa bestraft.

Wenn es sich um einen wertvollen geschichtlichen Fund handelt, ist die Strafe Freiheitsentziehung bis zu 3 Jahren und Geldstrafe bis zu 10 000 Lewa.

Der Schatz wird eingezogen.

4. Betrug

Art. 193. Wer in der Absicht, sich oder einem Dritten einen Vermögensvorteil zu verschaffen, den Irrtum eines anderen erregt oder unterhält und dadurch diesem oder einem anderen einen Vermögensschaden zufügt, wird mit Freiheitsentziehung bis zu 5 Jahren bestraft.

Wer in der gleichen Absicht den Irrtum, die Unerfahrenheit oder Unkenntnis eines anderen ausnützt und dadurch diesem einen Vermögensverlust zufügt, wird mit Freiheitsentziehung bis zu 2 Jahren bestraft.

VI. Straftaten gegen das persönliche Eigentum

Art. 194. Betrug wird mit Freiheitsentziehung von 2—7 Jahren bestraft:

1. wenn der Schuldige sich als Organ der Staatsgewalt ausgegeben hat oder als eine Person, die im Auftrage der Staatsgewalt handelt;
2. wenn der Betrug von einem Organ der Staatsgewalt, einem Rechtsanwalt oder einem Bevollmächtigten im Rahmen seines Dienstes, seines Berufes oder seiner Vollmacht begangen wurde;
3. wenn der Betrug wiederholt begangen wurde, und
4. wenn der Schuldige Vormund oder Pfleger des Betrogenen ist.

Art. 195. Wer sein versichertes Vermögen in betrügerischer Absicht zerstört, beschädigt oder vernichtet, wird mit Freiheitsentziehung bis zu 5 Jahren bestraft.

5. Erpressung

Art. 196. Wer in der Absicht, sich oder einem Dritten einen Vermögensvorteil zu verschaffen, einen anderen durch Gewalt oder Drohung nötigt, etwas gegen seinen Willen zu tun, zu unterlassen oder zu dulden, wird mit Freiheitsentziehung bis zu 5 Jahren bestraft.

Art. 197. Wer in erpresserischer Absicht einem anderen droht, daß er ihn öffentlich oder durch die Presse falsch beschuldigen oder verleumden werde, wird mit Freiheitsentziehung bis zu 3 Jahren bestraft.

Art. 198. Wer einen höheren als den zulässigen Zins vereinbart oder empfängt, wird mit Freiheitsentziehung bis zu 3 Jahren bestraft.

6. Vertrauensmißbrauch

Art. 199. Wer wissentlich fremdes Vermögen, das ihm zur Verwaltung oder Verwahrung anvertraut ist, schädigt, wird mit Freiheitsentziehung bis zu 5 Jahren bestraft.

Ebenso wird ein Vertreter oder Bevollmächtigter bestraft, der wissentlich gegen die gesetzmäßigen Interessen des Vertretenen handelt.

7. Hehlerei

***Art. 200.** Wer, um sich einen Vermögensvorteil zu verschaffen, Sachen, von denen er weiß oder den Umständen nach annehmen muß, daß sie von einem anderen mittels einer Straftat erlangt sind, verheimlicht oder erwirbt, oder zur Veräußerung solcher Sachen mithilft, wird mit Freiheitsentziehung bis zu 3 Jahren bestraft, jedoch nicht mit einer schwereren Strafe, als sie für die Straftat selbst vorgesehen ist.

Mit der gleichen Strafe wird bestraft, wer bei der Sicherung der Vorteile, die aus einer begangenen Straftat entstanden sind, Hilfe leistet.

Die wiederholte Begehung der genannten Taten wird mit Freiheitsentziehung bis zu 5 Jahren bestraft.

8. Vermögensbeschädigung

Art. 201. Wer widerrechtlich eine fremde bewegliche oder unbewegliche Sache beschädigt oder vernichtet oder ein fremdes Tier verstümmelt oder tötet, wird mit Freiheitsentziehung bis zu 3 Jahren oder Besserungsarbeit und in geringfügigen Fällen mit Geldstrafe bis zu 10 000 Lewa bestraft.

9. Plagiat[1])

***Art. 202.** Wer unter seinem eigenen Namen oder unter einem Pseudonym ein fremdes literarisches, wissenschaftliches oder künstlerisches Werk unter Verletzung des Gesetzes über das Urheberrecht herausgibt oder sich zunutze macht, wird mit Freiheitsentziehung bis zu einem Jahr oder Geldstrafe bis zu 5000 Lewa bestraft. In allen Fällen wird der Schuldige mit öffentlichen Tadel durch Veröffentlichung des Urteils bestraft.

Ebenso wird bestraft, wer eine fremde Erfindung oder Rationalisierung zur Registrierung vorlegt oder im eigenen Namen registriert.

Sonderbestimmung

***Art. 203.** Wegen Vermögensbeschädigung gemäß Art. 201 wird die Strafverfolgung auf Antrag des Geschädigten eingeleitet, ausgenommen die Fälle, in denen spezielle Gesetze etwas anderes anordnen.

Wegen Diebstahl, Unterschlagung, Betrug, Erpressung, Vertrauensmißbrauch und Hehlerei wird die Strafverfolgung auf Antrag des Geschädigten eingeleitet, wenn dieser der Ehegatte, ein Verwandter aufsteigender oder absteigender Linie oder ein Verwandter der Seitenlinie bis zum zweiten Grade des Schuldigen ist oder in gemeinsamem Haushalt mit diesem lebt, oder wenn der Geschädigte der Vormund oder Pfleger des Schuldigen ist.

Bei Straftaten nach Art. 184—188 ordnet das Gericht die teilweise oder vollständige Einziehung des Vermögens des Schuldigen an und entzieht ihm die Rechte gemäß Art. 28; bei Straftaten nach Art. 194 und 198 kann das Gericht die teilweise oder vollständige Einziehung des Vermögens des Schuldigen anordnen, sowie die Rechte gemäß Art. 28 aberkennen.

VII.
STRAFTATEN GEGEN DIE VERWALTUNGSORDNUNG

1. Straftaten gegen die Organe der Staatsgewalt

Art. 204. Wer Gewalt oder Drohung anwendet in der Absicht, ein Organ der Staatsgewalt zu nötigen, etwas im Dienst zu tun oder zu unterlassen, wird mit Freiheitsentziehung bis zu 3 Jahren bestraft.

Art. 205. Von einer Rotte, die eine Straftat nach dem vorstehenden Artikel begangen hat, werden wegen Aufruhrs bestraft: Anstifter und Anführer mit Freiheitsentziehung von 5—15 Jahren und alle anderen mit Freiheitsentziehung von 2—5 Jahren.

Von einer Rotte, die sich zur Begehung einer solchen Straftat versammelt hat oder von einer Verschwörung mit demselben Ziel, werden bestraft: Anführer und Anstifter mit Freiheitsentziehung von 2—5 Jahren und alle anderen mit Freiheitsentziehung bis zu 3 Jahren.

Art. 206. Wer rechtswidrig ein Organ der Staatsgewalt an der Ausübung seines Dienstes hindert, wird mit Freiheitsentziehung bis zu einem Jahr bestraft.

---

[1]) Abschnitt 9 über das Plagiat wurde durch das Gesetz vom 3. Februar 1956 eingefügt.

VII. Straftaten gegen die Verwaltungsordnung

***Art. 207.** Wer eine gesetzmäßige Anordnung, einen Befehl oder eine Verfügung eines Organs der Staatsgewalt nicht ausführt oder verletzt, wird mit Geldstrafe bis zu 200 Lewa bestraft.

Wer eine Verordnung, eine Anordnung, ein Reglement, ein Statut oder einen anderen vom Ministerrat erlassenen oder angenommenen Akt nicht ausführt oder verletzt, wird mit Besserungsarbeit bis zu 3 Monaten oder mit Geldstrafe bis zu 4000 Lewa bestraft.

Bei geringfügigen Verletzungen des vorstehenden Absatzes ist die Strafe Geldstrafe bis zu 2000 Lewa.

Unter die Absätze 2 oder 3 dieses Artikels fallen nur Verletzungen solcher vom Ministerrat erlassener oder angenommener Akte, die sich ausdrücklich auf den einen oder anderen von ihnen berufen.

Bei Verletzung der Absätze 1 und 3 findet Kapitel XXVIII der Strafprozeßordnung Anwendung.

Art. 208. Wer auf Anfrage eines zuständigen Organs der Staatsgewalt seinen richtigen Namen nicht angibt oder einen falschen Namen nennt, wird mit Besserungsarbeit bestraft.

Art. 209. Wer seinen Wohnsitz aufgibt und untertaucht in der Absicht, sich vor der Obrigkeit zu verbergen, wird mit Freiheitsentziehung bis zu 3 Jahren bestraft.

Art. 210. Wer beleidigende, verleumderische oder unwahre Behauptungen verbreitet, die geeignet sind, Mißtrauen gegen die Obrigkeit zu schaffen oder Verwirrung in die Gesellschaft zu bringen, wird mit Freiheitsentziehung bis zu 2 Jahren oder mit Besserungsarbeit bestraft.

Art. 211. Wer unwahre Gerüchte, Mitteilungen oder Behauptungen verbreitet, die geeignet sind, Verwirrung in das Wirtschaftsleben zu bringen oder Mißtrauen gegen die Wirtschaftsmaßnahmen der Obrigkeit zu schaffen, wird mit Freiheitsentziehung bis zu 5 Jahren bestraft.

Wurde die Handlung fahrlässig begangen, so ist die Strafe Freiheitsentziehung bis zu einem Jahr.

Art. 212. Wer unwahre Gerüchte oder Mitteilungen verbreitet, die geeignet sind, das Ansehen eines militärischen Vorgesetzten zu untergraben, die Disziplin der Truppen zu schwächen oder Unruhe oder Unentschlossenheit in ihre Reihen zu tragen, wird mit Freiheitsentziehung bis zu 5 Jahren bestraft.

Wurde die Handlung in Kriegszeiten begangen, so ist die Strafe Freiheitsentziehung nicht unter 5 Jahren.

***Art. 213.** Wer ein Siegel entfernt oder beschädigt, das von einem Organ der Staatsgewalt an einer beweglichen oder unbeweglichen Sache angebracht wurde als Zeichen dafür, daß diese in Beschlag genommen ist, oder wer einen Raum öffnet, an dem ein solches Siegel als Zeichen dafür angebracht ist, daß die Sachen, die sich darin befinden, in Beschlag genommen sind, wird mit Freiheitsentziehung bis zu einem Jahr oder mit Besserungsarbeit bis zu 6 Monaten bestraft.

Wer Inschriften, Anschläge, Plakate, Bekanntmachungen oder dergleichen, die auf Anordnung eines Beamten oder einer gesellschaftlichen Organisation angebracht sind, beschädigt oder zerstört, wird mit Besserungsarbeit bis zu 3 Monaten oder mit Geldstrafe bis zu 120 Lewa bestraft.

Art. 214. Wer auf eine gesetzmäßige Aufforderung hin einen bei ihm befindlichen Gegenstand, der von einem zuständigen Organ der Staatsgewalt zu einem Vergleich oder einer Besichtigung benötigt wird, nicht vorlegt, wird mit Besserungsarbeit bis zu 6 Monaten oder mit Geldstrafe bis zu 5000 Lewa bestraft.

***Art. 215.** Wer eigenmächtig eine Handlung vornimmt, die zum Dienstbereich eines Beamten gehört, welches Amt er nicht bekleidet, oder von dem er ausgeschlossen ist, wird mit Freiheitsentziehung bis zu einem Jahr oder mit Besserungsarbeit bis zu 6 Monaten bestraft.

Wer unberechtigt Dienstkleidung, Dienstabzeichen, Medaillen, Orden oder Auszeichnungen trägt, wird mit Freiheitsentziehung bis zu 3 Jahren oder mit Besserungsarbeit bestraft.

Art. 216. Wer gesetzlich verpflichtet ist, einem Organ der Staatsgewalt Beistand zu leisten, und dies nach gehöriger Aufforderung nicht tut, wird mit Freiheitsentziehung bis zu einem Jahr oder mit Besserungsarbeit bis zu 6 Monaten bestraft.

Wer bei Gefahr für das Vermögen, die Gesundheit oder das Leben eines anderen, von einem zuständigen Beamten aufgefordert, die Hilfeleistung verweigert, die er ohne Gefahr für sich oder einen anderen gewähren kann, wird mit Besserungsarbeit bestraft.

***Art. 217.** Wer amtliche Beglaubigungszeichen, wie Siegel, Qualitätszeichen an Edelmetallen, Eintrittskarten, Fahrkarten und dergleichen fälscht oder gefälschte in Umlauf bringt, wird mit Freiheitsentziehung bis zu 3 Jahren bestraft.

Wer von einem solchen gefälschten Zeichen wissentlich Gebrauch macht, wird mit Besserungsarbeit bis zu 6 Monaten oder mit Geldstrafe bis zu 800 Lewa bestraft.

Wer ohne entsprechende Erlaubnis ein Siegel einer staatlichen oder gesellschaftlichen Organisation herstellt, wird mit Freiheitsentziehung bis zu 3 Jahren bestraft.

Art. 218. Wer in der Absicht, das Ergebnis einer öffentlichen Versteigerung zu vereiteln oder zu vermindern, einem der Mitbietenden einen Gewinnanteil anbietet oder ihm irgendeinen Vermögensvorteil verspricht, oder wer in der gleichen Absicht ein solches Anerbieten oder Versprechen annimmt, wird mit Besserungsarbeit bis zu 6 Monaten oder mit Geldstrafe bis zu 20 000 Lewa bestraft.

2. Straftaten gegen die Rechtspflege

Art. 219. Wer vor einem zuständigen Organ der Staatsgewalt jemanden einer Straftat bezichtigt, obwohl er weiß, daß dieser unschuldig ist, oder gegen ihn falsche Beweise vorbringt, wird wegen falscher Anschuldigung mit Freiheitsentziehung bis zu 3 Jahren bestraft.

Wenn der Beschuldigte verurteilt worden ist, so ist die Strafe Freiheitsentziehung bis zu 5 Jahren, und wenn der Beschuldigte zum Tode verurteilt worden ist, so ist die Strafe Freiheitsentziehung nicht unter 10 Jahren.

VII. Straftaten gegen die Verwaltungsordnung

Art. 220. Ein Organ der Staatsgewalt, das in seinem Dienstbereich selbst oder durch einen anderen gesetzwidrige Zwangsmittel anwendet, um von einem Beschuldigten, Zeugen oder Sachverständigen eine Aussage oder ein Geständnis zu erpressen, wird mit Freiheitsentziehung bis zu 5 Jahren bestraft.

Art. 221. Ein Organ der Staatsgewalt, das es unterläßt, seine Pflicht, die ihm der Dienst bezüglich der Strafverfolgung auferlegt, rechtzeitig zu erfüllen, oder auf andere Weise eine solche Verfolgung vereitelt in der Absicht, einen anderen vor einer Strafe zu retten, die ihm auf Grund des Gesetzes gebührt, wird mit Freiheitsentziehung bis zu 5 Jahren bestraft.

Art. 222. Wer als Zeuge vor einem Gericht oder einem anderen zuständigen Organ der Staatsgewalt mündlich oder schriftlich wissentlich die Unwahrheit bestätigt oder die Wahrheit verschweigt, wird wegen falschen Zeugnisses mit Freiheitsentziehung bis zu 3 Jahren bestraft.

Wer als Sachverständiger, Dolmetscher oder Gutachter vor einem Gericht oder einem anderen zuständigen Organ der Staatsgewalt mündlich oder schriftlich wissentlich ein falsches Gutachten abgibt, wird mit Freiheitsentziehung bis zu 5 Jahren bestraft.

Wurde eine Tat nach den vorstehenden Absätzen fahrlässig begangen, so ist die Strafe Freiheitsentziehung bis zu einem Jahr.

Art. 223. Wer als Partei vor Gericht in einer Erklärung, die kraft des Gesetzes vor einem Organ der Staatsgewalt zur Beglaubigung der Wahrheit eines Umstandes abgegeben wird, die Unwahrheit bestätigt oder die Wahrheit verschweigt, wird mit Freiheitsentziehung bis zu 3 Jahren oder mit Besserungsarbeit bestraft.

Wurde die Tat fahrlässig begangen, so ist die Strafe Besserungsarbeit.

Art. 224. Wegen einer Straftat nach Art. 222 und 223 entfällt die Strafbarkeit:

1. wenn die Person bei Aussage der Wahrheit sich selbst einer Straftat beschuldigt hätte, und
2. wenn die Person ihr falsches Zeugnis, ihr Gutachten oder ihre Erklärung vor dem zuständigen Organ widerruft, bevor deswegen die Strafverfolgung gegen sie eingeleitet ist und bevor einem anderen ein Schaden entstanden ist.

Art. 225. Wer einen anderen zu einer Straftat nach Art. 222 Abs. 1 und 2 anstiftet, wird mit Freiheitsentziehung bis zu einem Jahr oder mit Besserungsarbeit bis zu 6 Monaten bestraft.

Art. 226. Wer einer Person, die eine Straftat begangen hat, Hilfe leistet zu entfliehen oder die Strafverfolgung gegen sie zu vereiteln oder ungestraft zu bleiben, ohne sich mit dieser Person vor der Begehung der Straftat verständigt zu haben, wird wegen Hehlerei mit Freiheitsentziehung bis zu 3 Jahren bestraft, jedoch nicht mit einer schwereren Strafe, als sie für die Straftat selbst vorgesehen ist.

Wurde die Tat in Vorteilsabsicht begangen, so ist die Strafe Freiheitsentziehung bis zu 5 Jahren, jedoch nicht eine schwerere Strafe als sie für die Straftat selbst vorgesehen ist.

Die obigen Bestimmungen sind nicht anzuwenden auf Ehegatten, Verwandte aufsteigender und absteigender Linie, Brüder und Schwestern des Begünstigten sowie seines Ehegatten.

Art. 227. Ein Organ der Staatsgewalt, das in der Absicht, einen anderen der Bestrafung zu entziehen oder die Strafvollstreckung zu verzögern, die Vollstreckung eines rechtskräftigen Urteils unterläßt, obwohl es dienstlich verpflichtet ist, die notwendigen Maßnahmen zur Urteilsvollstreckung zu treffen, wird mit Freiheitsentziehung bis zu 5 Jahren bestraft.

Art. 228. Wer in der Absicht, die Vollstreckung einer gerichtlichen Entscheidung zu behindern oder zu vereiteln, die Sache, auf die sich die Entscheidung bezieht, zerstört, beschädigt, verbirgt oder veräußert, wird mit Freiheitsentziehung bis zu einem Jahr bestraft.

Art. 229. Ein Gefangener, der entweicht, wird mit Freiheitsentziehung bis zu 3 Jahren bestraft.

Wenn der Gefangene das Entweichen mittels Untergraben, Einreißen, Zertrümmern von Wänden, Türen, Fenstern und anderem bewirkt hat, so ist die Strafe Freiheitsentziehung bis zu 5 Jahren.

Wenn der Gefangene nach dem Entweichen aus dem Gefängnis eine andere Straftat begeht, so wird die Strafe für die begangene Straftat bei Vorliegen erschwerender Umstände verhängt.

Gefangener ist jeder, der nach den Bestimmungen des Gesetzes unter Bewachung gestellt ist.

Art. 230. Wer eigenmächtig einen Gefangenen befreit oder freiläßt oder beim Entweichen hilft, wird mit Freiheitsentziehung von 2—5 Jahren bestraft.

Wurde die Tat von einem Organ der Staatsgewalt begangen, so ist die Strafe Freiheitsentziehung von 3—8 Jahren und, wenn die Tat fahrlässig begangen wurde, Freiheitsentziehung bis zu 2 Jahren.

Art. 231. Gefangene, die sich verabreden, mit vereinten Kräften zu entweichen, werden mit Freiheitsentziehung bis zu 3 Jahren bestraft.

Haben die Gefangenen die Ausführung der geplanten Flucht begonnen, so ist die Strafe Freiheitsentziehung von 2—5 Jahren.

Sonderbestimmung

Art. 232. Bei Straftaten gemäß Art. 204, 205, 219 Abs. 2, 220, 221, 222 Abs. 1 und 2, 226 und 227 kann das Gericht die teilweise oder vollständige Einziehung des Vermögens des Schuldigen anordnen und ihm die Rechte gemäß Art. 28 aberkennen.

VIII.
STRAFTATEN GEGEN DAS GELD- UND KREDITSYSTEM

Art. 233. Wer falsche Geldzeichen anfertigt oder echte Geldzeichen abändert, die Kurs im Inland oder im Ausland haben, wird wegen Fälschung von Geldzeichen mit Freiheitsentziehung von mindestens 10 Jahren bestraft.

Die gleiche Strafe trifft denjenigen, der fälscht:

1. Post-, Stempel- oder andere Marken, die zur Erhebung von Steuern, Gebühren, Abgaben und dergleichen bestimmt sind, und
2. Obligationen, die vom Staate oder mit seiner Genehmigung von einer anderen öffentlichen Organisation ausgegeben sind.

Art. 234. Wer gefälschte Geldzeichen oder andere im vorhergehenden Artikel genannte Zeichen, wissend daß sie gefälscht sind, in Umlauf bringt oder sich ihrer bedient, oder solche Zeichen in das Land bringt, um sie in Umlauf zu setzen, wird mit Freiheitsentziehung bis zu 10 Jahren bestraft.

Art. 235. Wer ein gefälschtes Geldzeichen oder ein anderes in Art. 233 genanntes Zeichen empfängt und es, nachdem er es als solches erkannt hat, als echt in Umlauf bringt, wird mit Freiheitsentziehung bis zu 2 Jahren oder mit Besserungsarbeit bestraft.

Art. 236. Die Vorbereitung zur Begehung einer Straftat nach Art. 233 oder eine Vereinigung zu diesem Zweck oder zur Verbreitung von gefälschten Geldzeichen oder anderen in diesem Artikel genannten Zeichen, wird mit Freiheitsentziehung bis zu 5 Jahren bestraft.

Nicht bestraft wird der Teilnehmer einer Verbindung, der, bevor die Fälschung vollendet ist, wenn die Verbindung zu diesem Zweck gebildet wurde, oder bevor die Verbreitung der gefälschten Zeichen begonnen hat, wenn die Verbindung deswegen gebildet wurde, von der Tat absteht und sie der Behörde meldet.

Art. 237. Wer Geldzeichen oder andere in Art. 233 genannte Zeichen, von denen er weiß, daß sie gefälscht sind, behält und nicht der Behörde anzeigt, wird mit Freiheitsentziehung bis zu 3 Jahren bestraft.

Art. 238. Wer Gegenstände, Materialien oder Werkzeuge, von denen er weiß, daß sie zur Fälschung von Geldzeichen oder anderen in Art. 233 genannten Zeichen bestimmt sind oder gedient haben, anfertigt, aufbewahrt oder verbirgt, wird mit Freiheitsentziehung bis zu 5 Jahren bestraft.

Art. 239. Wer Post-, Stempel- oder andere Marken, die zur Erhebung von Steuern, Gebühren, Abgaben und dergleichen bestimmt sind, wiederholt gebraucht, indem er die Zeichen auf ihnen, die anzeigen, daß sie schon einmal gebraucht sind, tilgt oder verdeckt, wird mit Freiheitsentziehung bis zu 2 Jahren oder mit Besserungsarbeit bestraft.

***Art. 240.** Wer die Verordnungen oder Anordnungen des Ministerrats über Valutawerte verletzt, wird mit Freiheitsentziehung bis zu 3 Jahren und mit Geldstrafe bis zu 40 000 Lewa bestraft.

Wenn der Valutawert, der Gegenstand der Straftat ist, 1000 Lewa nicht übersteigt, so ist die Strafe Geldstrafe in doppelter Höhe dieses Wertes.

Der Gegenstand einer Straftat nach den vorstehenden Absätzen wird zugunsten des Staates eingezogen.

Sonderbestimmung

***Art. 241.** Bei Straftaten nach Art. 233, 234, 236 und 238 ordnet das Gericht die teilweise oder vollständige Einziehung des Vermögens des Schuldigen an und entzieht ihm die Rechte gemäß Art. 28, bei Straftaten nach Art. 240 Abs. 1 kann das Gericht die teilweise oder vollständige Einziehung des Vermögens des Schuldigen anordnen und ihm die Rechte gemäß Art. 28 entziehen.

IX.
URKUNDENFÄLSCHUNG

***Art. 242.** Wer eine unechte amtliche Urkunde herstellt oder den Inhalt einer amtlichen Urkunde fälscht in der Absicht, sie zu gebrauchen, wird wegen Urkundenfälschung mit Freiheitsentziehung bis zu 5 Jahren bestraft.

Wurde die Handlung von dem Schuldigen in der Absicht begangen, sich oder einem anderen einen rechtswidrigen Vorteil zu verschaffen, so ist die Strafe Freiheitsentziehung bis zu 8 Jahren.

Art. 243. Ein Beamter, der eine Straftat des vorstehenden Artikels in seinem Dienstbereich begeht, wird mit Freiheitsentziehung bis zu 10 Jahren bestraft.

Die gleiche Strafe trifft einen Beamten, der eine private Urkunde fälscht, die ihm kraft seiner Dienststellung anvertraut ist.

Art. 244. Ein Beamter, der in seinem Dienstbereich eine amtliche Urkunde herstellt, in der er unwahre Umstände oder Erklärungen beglaubigt in der Absicht des Gebrauchs dieser Urkunde als Beweis für diese Umstände oder Erklärungen, wird mit Freiheitsentziehung von 5—10 Jahren bestraft.

Art. 245. Den vorhergehenden Bestimmungen entsprechend wird derjenige bestraft, welcher echte Protokolle, Register oder Bücher, die in einer staatlichen Behörde oder Unternehmung, einer Genossenschaft oder einer anderen gesellschaftlichen Organisation geführt werden, sowie amtliche Abschriften, Auszüge oder Übersetzungen von privaten oder amtlichen Urkunden fälscht oder unechte herstellt.

Art. 246. Wer vorsätzlich bewirkt, daß unwahre Umstände oder Erklärungen in eine amtliche Urkunde eingetragen werden, wird mit Freiheitsentziehung bis zu 2 Jahren bestraft.

Wurde die Tat in der Absicht begangen, sich oder einem anderen einen rechtswidrigen Vorteil zu verschaffen, so ist die Strafe Freiheitsentziehung bis zu 5 Jahren.

Wurde die Handlung nach Abs. 1 fahrlässig begangen, so ist die Strafe Besserungsarbeit.

Art. 247. Wer selbst oder durch einen anderen eine unechte private Urkunde herstellt oder den Inhalt einer privaten Urkunde abändert und diese gebraucht, um zu beweisen, daß ein Recht oder eine Verpflichtung oder ein Rechtsverhältnis besteht oder nicht besteht oder beendigt wurde oder sich geändert hat, wird mit Freiheitsentziehung bis zu 3 Jahren bestraft.

Hat die Straftat ein Wertpapier zum Gegenstand, so ist die Strafe Freiheitsentziehung bis zu 5 Jahren.

Art. 248. Ein Arzt, der jemandem ein unwahres Zeugnis über seinen Gesundheitszustand ausstellt, wird mit Freiheitsentziehung bis zu 3 Jahren bestraft.

Mit der gleichen Strafe wird ein Tierarzt bestraft, der ein unwahres Zeugnis über den Gesundheitszustand eines Tieres ausstellt.

Art. 249. Wer eine Urkunde herstellt, indem er das Blatt, das die Unterschrift des Ausstellers trägt, mit einem Inhalt ausfüllt, der dem Willen des Unterzeichners nicht entspricht, wird wegen Fälschung dieser Urkunde entsprechend den Bestimmungen der vorhergehenden Artikel bestraft.

Den gleichen Bestimmungen entsprechend wird bestraft, wer durch Betrug einen anderen veranlaßt, eine Urkunde mit einem Inhalt zu unterschreiben, der nicht dem Willen des Unterzeichners entspricht.

Art. 250. Die für die Herstellung einer unechten Urkunde oder für die Abänderung einer Urkunde in den vorhergehenden Artikeln vorgesehene Strafe trifft auch denjenigen, der wissentlich eine solche von einem anderen verfertigte Urkunde gebraucht.

Art. 251. Wer rechtswidrig eine Urkunde benützt, von der er weiß, daß der Aussteller sie unterzeichnet hat ohne die Absicht, sich durch sie zu verpflichten, wird mit Freiheitsentziehung bis zu 3 Jahren bestraft.

Die gleiche Strafe trifft denjenigen, der rechtswidrig eine Urkunde benützt, die ihrem Eigentümer gestohlen wurde oder verloren gegangen ist.

Art. 252. Wer rechtswidrig sich einer amtlichen Urkunde bedient, die für eine andere Person ausgestellt ist, um ein Organ der Staatsgewalt zu täuschen, wird mit Freiheitsentziehung bis zu 5 Jahren bestraft.

Wer sich einer Urkunde über eine Forderung, die ihm bereits ausbezahlt worden ist, bedient, in der Absicht, die Forderung noch einmal einzuziehen, wird mit Freiheitsentziehung bis zu 3 Jahren bestraft.

Art. 253. Wer eine fremde oder ihm nicht ausschließlich gehörende Urkunde vernichtet, verheimlicht oder beschädigt in der Absicht, einem anderen einen Schaden zuzufügen, wird mit Freiheitsentziehung bis zu 3 Jahren bestraft.

Sonderbestimmung

Art. 254. Bei Straftaten nach Art. 242—245 kann das Gericht die teilweise oder vollständige Einziehung des Vermögens des Schuldigen anordnen und bei allen Straftaten dieses Kapitels die Rechte gemäß Art. 28 aberkennen.

X.

STRAFTATEN IM AMTE

Art. 255. Ein Beamter, der seine Dienstpflichten verletzt oder nicht erfüllt oder seine Amtsgewalt überschreitet in der Absicht, sich oder einem anderen einen Vorteil zu verschaffen oder einem anderen einen Schaden zuzufügen, wird mit Freiheitsentziehung bis zu 5 Jahren bestraft.

Ein Beamter, der eine Handlung vornimmt, die sein Dienst nicht erfordert und aus der beträchtliche Schäden entstehen können, wird mit Freiheitsentziehung bis zu 3 Jahren bestraft.

Für die Straftaten der vorstehenden Absätze ist die Strafe in besonders schweren Fällen Freiheitsentziehung bis zu 10 Jahren.

Art. 256. Ein Beamter, der seine Dienststellung ausnützt, um sich oder einem anderen einen rechtswidrigen Vorteil zu verschaffen, wird mit Freiheitsentziehung bis zu 3 Jahren bestraft.

Art. 257. Ein Beamter, der sich weigert, seine Dienstpflichten zu erfüllen oder nach seiner Versetzung oder Entlassung seine dienstliche Tätigkeit zu beenden, wird mit Freiheitsentziehung bis zu einem Jahr bestraft.

Ein Beamter, der ungerechtfertigt nicht zur Arbeit erscheint oder eigenmächtig seine Arbeit in einer Behörde oder einem Unternehmen verläßt, wird mit Besserungsarbeit bis zu 6 Monaten oder mit Geldstrafe bis zu 20 000 Lewa bestraft.

Art. 258. Ein Organ der Staatsgewalt, das etwas tut, wenn auch ohne Zusammenhang mit seinem Dienst, was das Ansehen der Behörde in der es arbeitet offensichtlich mindert, wird mit Besserungsarbeit bestraft.

Art. 259. Ein Beamter, der ein Geschenk oder irgendeinen anderen Vermögensvorteil, der ihm nicht zukommt, fordert oder annimmt, oder das Versprechen eines Geschenkes oder eines Vermögensvorteils annimmt dafür, daß er eine Handlung, die auszuführen er dienstlich verpflichtet ist, vornimmt oder unterläßt oder vorgenommen oder unterlassen hat, wird wegen Bestechung mit Freiheitsentziehung bis zu 5 Jahren bestraft.

War die Bestechung des Beamten mit einer Verletzung der Amtspflicht verbunden, so ist die Strafe Freiheitsentziehung von 3—10 Jahren und in besonders schweren Fällen Freiheitsentziehung von mindestens 10 Jahren.

Entsprechend den obigen Vorschriften wird der Beamte auch dann bestraft, wenn mit seiner Zustimmung einem anderen Geschenke oder Vermögensvorteile gewährt oder versprochen werden.

Art. 260. Ist der Beamte Richter, Gerichtsbeisitzer, Staatsanwalt oder Untersuchungsrichter, so ist die Strafe: im Falle des Abs. 1 des vorhergehenden Artikels Freiheitsentziehung bis zu 10 Jahren, und im Falle des Abs. 2 Freiheitsentziehung von mindestens 10 Jahren.

Der Absatz 3 des vorhergehenden Artikels findet in diesen Fällen ebenfalls Anwendung.

Art. 261. Wer einem Beamten irgendeinen Vermögensvorteil gewährt, verspricht oder anbietet, um ihn zur Verletzung oder Erfüllung seines Dienstes zu bewegen, wird mit Freiheitsentziehung bis zu 5 Jahren bestraft.

Die gleiche Strafe trifft denjenigen, welcher einem Beamten irgendeinen Vermögensvorteil dafür gewährt, daß er seinen Dienst verletzt oder erfüllt hat.

Art. 262. Wird der Bestechungslohn einem Richter, Gerichtsbeisitzer, Staatsanwalt oder Untersuchungsrichter gewährt, versprochen oder angeboten, so ist die Strafe Freiheitsentziehung bis zu 10 Jahren.

Die gleiche Strafe trifft denjenigen, welcher einem Verteidiger oder Bevollmächtigten irgendeinen Vermögensvorteil gewährt, verspricht oder anbietet, damit dieser dazu verhelfe, daß in einer Straf- oder Zivilsache zugunsten der Gegenpartei oder zum Nachteil seines Mandanten entschieden werde.

Art. 263. Nicht bestraft wird, wer einen Bestechungslohn gewährt, angeboten oder versprochen hat, wenn er von dem Beamten dazu genötigt wurde, und wenn er unverzüglich und freiwillig der Behörde Anzeige erstattet hat.

Art. 264. Wegen Bestechung, entsprechend den Bestimmungen der vorstehenden Artikel, wird auch derjenige bestraft, der seine Vermittlertätigkeit vorschlägt oder annimmt gegen das Verlangen, Anerbieten, Gewähren oder den Empfang eines Bestechungslohnes.

Art. 265. Wer vorsätzlich Umstände oder Bedingungen schafft, die ein Anerbieten oder den Empfang eines Bestechungslohnes herausfordern, in der Absicht, danach denjenigen zu überführen, welcher einen Bestechungslohn angeboten oder angenommen hat, wird mit Freiheitsentziehung bis zu 3 Jahren bestraft.

Art. 266. Ein Beamter, Sachverständiger, Dolmetscher oder Gutachter, der zum Schaden des Staates oder einer Privatperson solche Nachrichten einem anderen mitteilt oder veröffentlicht, die ihm anvertraut oder dienstlich zugänglich sind, und von denen er weiß, daß sie ein Dienstgeheimnis sind, wird mit Freiheitsentziehung bis zu 5 Jahren bestraft.

Art. 267. Ein Vorgesetzter, der wissentlich zuläßt, daß ein ihm untergebener Beamter eine Straftat begeht, wird mit der Strafe bestraft, die für die begangene Straftat vorgesehen ist.

Art. 268. Wer die Verpflichtung übernommen hat oder gesetzlich verpflichtet ist, eine bestimmte Zeit in einer staatlichen Behörde oder Unternehmung Dienst zu leisten, und sich weigert, seinen Dienst aufzunehmen, oder ihn ohne triftige Gründe vor Ablauf der Frist verläßt, wird mit Freiheitsentziehung bis zu 3 Jahren oder mit Besserungsarbeit bestraft.

Art. 269. Ein Beamter, der durch systematisch nachlässige Erfüllung seiner Pflichten eine Verzögerung, Langsamkeit oder Unordnung in der Arbeit verursacht, wird mit Freiheitsentziehung bis zu einem Jahr oder mit Besserungsarbeit bis zu 6 Monaten bestraft.

In besonders schweren Fällen ist die Strafe Freiheitsentziehung bis zu 3 Jahren.

Sonderbestimmung

Art. 270. Bei Straftaten nach Art. 259 und 260 ordnet das Gericht die teilweise oder vollständige Einziehung des Vermögens des Schuldigen an und entzieht ihm die Rechte gemäß Art. 28; bei Straftaten nach Art. 255, 261 und 262 kann das Gericht die teilweise oder vollständige Einziehung des Vermögens des Schuldigen anordnen sowie ihm die Rechte gemäß Art. 28 aberkennen.

XI.
STRAFTATEN GEGEN DIE GESELLSCHAFTSORDNUNG

1. Verletzung der bestehenden Ordnung

Art. 271. Wer in einer Ansprache vor einer Versammlung, durch Verbreitung von Druckerzeugnissen, über den Rundfunk oder auf andere ähnliche Weise zur Begehung einer Straftat aufreizt, wird mit Freiheitsentziehung bis zu 3 Jahren und Geldstrafe bis zu 100 000 Lewa bestraft, jedoch nicht mit einer schwereren Strafe, als sie für die Straftat selbst vorgesehen ist.

Wer öffentlich zur massenweisen Nichterfüllung von gesetzlich auferlegten Pflichten aufreizt, wird mit Freiheitsentziehung bis zu 3 Jahren bestraft.

Art. 272. Wer Rassen- oder Völkerhaß oder Feindschaft propagiert oder dazu aufreizt, wird mit Freiheitsentziehung bis zu 3 Jahren bestraft.

Wer gegen einen anderen wegen seiner Volkszugehörigkeit, Rasse, Religion oder seiner fortschrittlichen politischen Überzeugung Gewalt anwendet oder sein Vermögen schädigt, wird mit Freiheitsentziehung bis zu 3 Jahren bestraft.

Art. 273. Personen, die sich an einer Rotte beteiligen, die sich zum Überfall von einzelnen Bevölkerungsgruppen, einzelnen Volksgruppen, Glaubensgemeinschaften, einzelnen Personen oder Vermögen versammelt hat, werden bestraft:

1. Anstifter und Anführer mit Freiheitsentziehung bis zu 5 Jahren;
2. alle anderen Beteiligten mit Freiheitsentziehung bis zu 2 Jahren.

War die versammelte Rotte oder nur ein Teil derselben bewaffnet, so ist die Strafe:

1. für Anstifter und Anführer Freiheitsentziehung von 3—10 Jahren;
2. für alle anderen Beteiligten Freiheitsentziehung bis zu 5 Jahren;

Ist der Überfall ausgeführt worden und hatte er eine schwere Körperverletzung oder den Tod eines Menschen zur Folge, so werden die Anstifter und Anführer der Rotte mit Freiheitsentziehung von 5—15 Jahren und alle übrigen Beteiligten mit Freiheitsentziehung von 2—8 Jahren bestraft.

Art. 274. Personen, die sich an einer Gruppe beteiligen, die zu dem Zweck gebildet ist, gemeinschaftlich oder jedes Mitglied für sich im In- oder Auslande Straftaten zu begehen, werden bestraft:

1. Gründer und Anführer mit Freiheitsentziehung von 3—10 Jahren;
2. die übrigen Beteiligten mit Freiheitsentziehung bis zu 5 Jahren.

Wurde die Gruppe zur Begehung von Tötungen, Raub oder Brandstiftungen gebildet, so werden bestraft:

1. Gründer und Anführer mit mindestens 10 Jahren Freiheitsentziehung;
2. die übrigen Beteiligten mit Freiheitsentziehung von 5—10 Jahren.

***Art. 275.** Wer ohne Erlaubnis der zuständigen Organe der Staatsgewalt die Landesgrenze überschreitet oder, wenn auch mit einer Erlaubnis, die hierfür vorgesehenen Stellen nicht benützt, sowie der Ausländer, der unter den gleichen Bedingungen das Land verläßt, wird mit Freiheitsentziehung von 3—10 Jahren und mit Geldstrafe bis zu 20 000 Lewa bestraft.

Ebenso wird bestraft, wer die Begehung dieser Straftat vorbereitet oder versucht, sowie derjenige, der dem Täter Erleichterungen gewährt, behilflich ist oder ihn versteckt.

Nicht bestraft wird, wer das Land betritt, um vom Asylrecht gemäß Art. 84 der Verfassung Gebrauch zu machen.

XI. Straftaten gegen die Gesellschaftsordnung

Art. 276. *Aufgehoben durch das Gesetz vom 9. 2. 1953.*

***Art. 277.** Wer eigenmächtig, nicht gemäß der Rechtsordnung, ein ihm von einem anderen bestrittenes Recht ausübt, wird mit Freiheitsentziehung bis zu 3 Jahren oder mit Geldstrafe bis zu 4000 Lewa bestraft.

Art. 278. Wer eigenmächtig staatliches oder gesellschaftliches Vermögen in Besitz nimmt oder sich darin einrichtet, wird mit Geldstrafe bis zu 20 000 Lewa bestraft.

***Art. 279.** Wer sich einen Titel anmaßt, oder einen Beruf oder eine Tätigkeit ausübt, ohne dazu berechtigt zu sein, wird mit Besserungsarbeit bis zu 6 Monaten oder mit Geldstrafe bis zu 200 Lewa bestraft.

Wurde die Tat in eigennütziger Absicht begangen, so ist die Strafe Freiheitsentziehung bis zu 3 Jahren.

Art. 280. Wer mit Gewalt oder Drohung eine gesetzlich erlaubte öffentliche Versammlung verhindert oder sprengt, wird mit Besserungsarbeit bis zu 6 Monaten bestraft.

Wird die Tat von einem Organ der Staatsgewalt begangen, so ist die Strafe Freiheitsentziehung bis zu einem Jahr.

***Art. 281.** Wer durch das Radio, das Telephon oder auf andere Weise falsche Aufrufe oder irreführende Hilfs-, Unfalls- oder Alarmzeichen gibt, wird mit Freiheitsentziehung bis zu 2 Jahren oder mit Geldstrafe bis zu 3000 Lewa bestraft.

Art. 282. Wer die Begehung einer offensichtlich schweren Straftat nicht verhindert, obwohl er dies ohne große Schwierigkeit und ohne Gefahr für sich oder einen anderen tun könnte, wird mit Freiheitsentziehung bis zu einem Jahr oder mit Besserungsarbeit bestraft.

***Art. 283.** Unsittliches Verhalten, Randalieren oder andere rowdyhafte Handlungen werden, wenn sie keine schwerere Straftat darstellen, mit Freiheitsentziehung bis zu 5 Jahren oder Geldstrafe bis zu 2000 Lewa und öffentlichem Tadel bestraft.

Wer während einer öffentlichen dienstlichen Handlung oder in einer öffentlichen Versammlung die Ordnung oder den Anstand verletzt, wird mit Besserungsarbeit bis zu 6 Monaten oder mit Geldstrafe bis zu 5000 Lewa bestraft.

Art. 284. Wer die öffentliche Ruhe durch Streitigkeiten, Schlägerei oder in anderer unerlaubter Weise stört, wird mit Besserungsarbeit bis zu 3 Monaten oder mit Geldstrafe bis zu 3000 Lewa bestraft.

Wird die Tat von mehreren Personen begangen, die trotz ausdrücklicher Aufforderung durch das zuständige Organ der Staatsgewalt nicht auseinandergehen, so ist die Strafe Besserungsarbeit bis zu 6 Monaten oder Geldstrafe bis zu 5000 Lewa.

Art. 285. Wer ein Glücksspiel einrichtet, sich an einem solchen in irgendeiner Weise beteiligt, einen anderen dazu anstiftet oder ihm Hilfe leistet, sowie wer ohne gehörige Genehmigung eine Lotterie einrichtet, wird mit Freiheitsentziehung bis zu einem Jahr und mit Geldstrafe bis zu 200 000 Lewa bestraft.

Ist der Täter ein Beamter, so ist die Strafe Freiheitsentziehung bis zu 2 Jahren und Geldstrafe bis zu 300 000 Lewa.

Gelder und Sachen, die Gegenstand des Spieles sind, der Spielgewinn sowie die Gelder, die bei den Spielteilnehmern oder im Spielraum vorgefunden werden, werden eingezogen.

2. Straftaten gegen Ehe und Personenstand

***Art. 286.** Wer bei Eingehung der Ehe dem Standesbeamten wissentlich ein gesetzliches Ehehindernis verschweigt, wird mit Freiheitsentziehung bis zu 3 Jahren bestraft.

Ein Standesbeamter, der eine Eheschließung vornimmt, obwohl er weiß, daß ein gesetzliches Ehehindernis vorliegt, wird mit Freiheitsentziehung bis zu 5 Jahren bestraft.

Ein Religionsdiener, der ein religiöses Zeremoniell für die Eheschließung vornimmt, ohne daß vorher die Ehe auf vorschriftsmäßige Weise geschlossen wurde, wird mit Freiheitsentziehung bis zu 3 Jahren bestraft.

***Art. 287.** Wer auf gewaltsame Weise jemanden zur Eingehung der Ehe verleitet, wird, wenn deswegen die Ehe für ungültig erklärt wird, mit Freiheitsentziehung bis zu 3 Jahren bestraft.

Eltern oder Verwandte, die für die Erlaubnis zur Eingehung der Ehe ihrer Tochter oder Verwandten ein Lösegeld fordern oder erhalten, werden mit Freiheitsentziehung bis zu einem Jahr bestraft.

Die gleiche Strafe trifft denjenigen, der ein solches Lösegeld anbietet oder gibt, sowie denjenigen, der dafür als Vermittler auftritt.

***Art. 288**[1]). Ein Ehegatte, der seine Familie verläßt und mit einer anderen Person in Ehe lebt, wird mit Freiheitsentziehung bis zu 6 Monaten oder Geldstrafe bis zu 1000 Lewa und öffentlichem Tadel bestraft.

Ebenso wird die Person bestraft, mit der der Ehegatte zusammengelebt hat.

In schweren Fällen sowie bei Wiederholung werden die Schuldigen mit Freiheitsentziehung bis zu 3 Jahren bestraft.

Art. 289. Wer während des Bestehens einer rechtmäßigen Ehe eine andere eingeht, wird wegen Mehrehe mit Freiheitsentziehung bis zu 5 Jahren bestraft.

Die gleiche Strafe trifft denjenigen, der mit einer Person eine Ehe schließt, von der er weiß, daß sie sich in einer rechtmäßigen Ehe befindet.

Art. 290. Wer vorsätzlich ein Kleinkind vertauscht, versteckt oder unterschiebt, oder wer auf andere Weise den Personenstand eines anderen verheimlicht oder vertauscht, wird mit Freiheitsentziehung bis zu 2 Jahren bestraft.

Wurde die Tat in eigennütziger Absicht begangen, so ist die Strafe Freiheitsentziehung bis zu 5 Jahren.

---

[1]) Neu gefaßt durch das Gesetz vom 3. Februar 1956. Das in Art. 288 beschriebene Verhalten war bis dahin nicht mit Strafe bedroht. § 84 Abs. 2 des Änderungsgesetzes vom 3. Februar 1956 bestimmt dazu: „Bezüglich der bei Inkrafttreten dieses Gesetzes angetroffenen Fälle, die unter die Geltung des Art. 288 fallen, tritt dieser Artikel 6 Monate nach Veröffentlichung dieses Gesetzes in Kraft."

3. Straftaten gegen die Erfüllung des Militärdienstes

Art. 291. Wer durch Verstümmelung oder auf andere Weise vorsätzlich sich oder einen anderen zur Erfüllung des Militärdienstes untauglich macht, wird mit Freiheitsentziehung von 2—5 Jahren bestraft.

Art. 292. Wer in der Absicht, sich oder einen anderen vom Militärdienst zu befreien oder vor ihm zu verbergen, List oder Täuschung anwendet, wird mit Freiheitsentziehung bis zu 3 Jahren bestraft.

***Art. 293.** Ein bulgarischer Bürger, der sich dem Militärdienst entzieht, wird mit Freiheitsentziehung bis zu 3 Jahren und, wenn er das 28. Lebensjahr vollendet hat, mit Freiheitsentziehung bis zu 5 Jahren bestraft.

***Art. 294.** Ein Beamter, der über den Familienstand oder den Gesundheitszustand eines jungen Mannes, der dem Militärdienst unterliegt, falsche Auskünfte gibt, oder unvollständige oder unrichtige Einberufungslisten aufstellt oder zuläßt, daß ein junger Mann, der dem Militärdienst unterliegt, mit einem anderen ausgetauscht wird, wird mit Freiheitsentziehung bis zu 3 Jahren bestraft.

Wer seine Verpflichtungen bei der militärischen Erfassung von Menschen, Transportmitteln, Tieren und anderen Ausrüstungen verletzt, außer den in den speziellen Gesetzen über die militärische Erfassung vorgesehenen Fällen, wird bestraft: in Friedenszeiten mit Freiheitsentziehung bis zu 3 Jahren und Geldstrafe bis zu 4000 Lewa, wenn die Handlung keine schwerere Straftat darstellt, und in Kriegszeiten mit Freiheitsentziehung von 3—10 Jahren und Geldstrafe von 4000—20 000 Lewa.

Wer die mit der Vorbereitung und Durchführung der Mobilmachung verbundenen Anordnungen nicht befolgt oder ihre normale Durchführung hindert, wird mit Freiheitsentziehung von 1—10 Jahren und in besonders schweren Fällen mit Freiheitsentziehung nicht unter 10 Jahren bestraft.

Wurde die Tat nach dem vorstehenden Absatz fahrlässig begangen, so ist die Strafe Besserungsarbeit bis zu 6 Monaten und Geldstrafe bis zu 200 Lewa.

Wer Pflichtvergessenheit bekundet bei der medizinischen Musterung von Militärpersonen, Reservisten oder Rekruten, bei der Inspektion von technischen Mitteln und Transportmitteln oder von Tieren und Ausrüstungen in Verbindung mit der militärischen Erfassung, wird in Friedenszeiten mit Freiheitsentziehung bis zu 10 Jahren und Geldstrafe bis zu 4000 Lewa bestraft. In Kriegszeiten ist die Strafe Freiheitsentziehung von 5—15 Jahren und Geldstrafe bis zu 10 000 Lewa.

4. Straftaten gegen das Staatsgeheimnis

Art. 295. Wer Nachrichten, die ein Staatsgeheimnis darstellen, in irgendeiner Weise verbreitet, wird, sofern die Tat nicht einer schwereren Bestrafung unterliegt, mit Freiheitsentziehung bis zu 5 Jahren bestraft.

Art. 296. Wer Nachrichten, die ein Staatsgeheimnis darstellen und die ihm in seiner Eigenschaft als Beamter anvertraut worden sind, oder die er auf Grund seiner Dienststellung erfahren konnte, in irgendeiner Weise verbreitet, wird mit Freiheitsentziehung von 3—10 Jahren bestraft.

Art. 297. Eine Militärperson oder ihr gleichgestellte Person, die auf irgendeine Weise Nachrichten militärischen Charakters verbreitet, die ein Staatsgeheimnis darstellen, wird, sofern die Tat nicht einer schwereren Bestrafung unterliegt, mit Freiheitsentziehung von 3—15 Jahren bestraft.

Art. 298. Wenn durch eine in den Art. 295—297 vorgesehene Handlung besonders schwere Folgen für die Sicherheit des Staates und Volkes eingetreten sind oder eintreten können, so wird der Schuldige mit Freiheitsentziehung von mindestens 10 Jahren bestraft.

***Art. 299.** Wer Materialien, Dokumente, Druckausgaben oder dergleichen verliert, die Nachrichten enthalten, die ein Staatsgeheimnis darstellen, wird mit Freiheitsentziehung bis zu 5 Jahren bestraft.

Wenn durch den Verlust dieser Dokumente, Materialien, Druckausgaben und dergleichen besonders schwere Folgen eingetreten sind oder eintreten können, so ist die Strafe Freiheitsentziehung bis zu 10 Jahren.

Art. 300. Wer die Offenbarung eines Staatsgeheimnisses durch Fahrlässigkeit oder wegen Mangel an der notwendigen Wachsamkeit verursacht, wird mit Freiheitsentziehung bis zu 3 Jahren bestraft.

Geschah dies wegen Nichtbeachtung der Vorschriften über die Aufbewahrung von vertraulichen Dokumenten, Materialien, Papieren und dergleichen, so ist die Strafe Freiheitsentziehung bis zu 5 Jahren.

***Art. 301.** Wer Nachrichten militärischer, wirtschaftlicher oder anderer Natur, die ihrem Charakter nach keine Staatsgeheimnisse sind, deren Verbreitung jedoch durch Gesetz oder Befehl verboten ist, vorsätzlich oder fahrlässig verbreitet, wird mit Freiheitsentziehung bis zu 3 Jahren bestraft. Ebenso wird bestraft, wer solche Nachrichten sammelt in der Absicht, sie zu verbreiten.

Art. 302. Wer die zum Schutze eines Staatsgeheimnisses erlassenen Vorschriften vorsätzlich oder fahrlässig nicht einhält und dadurch die Möglichkeit für dessen Offenbarung schafft, wird mit Freiheitsentziehung bis zu 2 Jahren oder mit Besserungsarbeit oder mit Geldstrafe bis zu 1000 Lewa bestraft.

5. Straftaten gegen die Glaubensbekenntnisse

Art. 303. Wer durch Wort, Druck, Handlungen oder in anderer Weise Religionshaß propagiert, wird mit Freiheitsentziehung bis zu 3 Jahren und mit Geldstrafe bis zu 10 000 Lewa bestraft.

Art. 304. Wer mit Gewalt oder Drohung Bürger oder anerkannte Glaubensgruppen daran hindert, ihren Glauben frei auszuüben und ihre religiösen Riten und Gottesdienste zu vollziehen, durch welche die Gesetze des Landes, die Gesellschaftsordnung und die Regeln des sozialistischen Gemeinschaftslebens nicht verletzt werden, wird mit Freiheitsentziehung bis zu einem Jahr bestraft.

Die gleiche Strafe trifft denjenigen, der in gleicher Weise jemanden nötigt, an religiösen Riten oder Gottesdiensten irgendeines Bekenntnisses teilzunehmen.

Art. 305. Wer eine politische Organisation auf religiöser Grundlage bildet, oder wer durch Wort, Druck, Handlungen oder in anderer Weise die Kirchen oder Religionen zur Propaganda gegen die Volksgewalt oder ihre Maßnahmen benutzt, wird, sofern die Tat nicht einer schwereren Bestrafung unterliegt, mit Freiheitsentziehung bis zu 3 Jahren und Geldstrafe bis zu 100 000 Lewa bestraft.

Sonderbestimmung

***Art. 306.** Bei Straftaten nach den Art. 273, 274, 291, 295—297 und 305 kann das Gericht die teilweise oder vollständige Einziehung des Vermögens des Schuldigen anordnen und ihm die Rechte gemäß Art. 28 aberkennen; bei Straftaten nach den Art. 275, 294 Abs. 3 und Abs. 5 Satz 2 ordnet das Gericht die teilweise oder vollständige Einziehung des Vermögens des Schuldigen an und entzieht ihm die Rechte gemäß Art. 28.

XII.
GEMEINGEFÄHRLICHE STRAFTATEN

Art. 307. Wer ein fremdes oder sein eigenes Gebäude oder eine andere Räumlichkeit, landwirtschaftliches Inventar, im Freien lagernde Waren oder Erzeugnisse, ungeerntete landwirtschaftliche Erzeugnisse oder Früchte oder Maschinen von beträchtlichem Wert in Brand setzt, wird wegen Brandstiftung mit Freiheitsentziehung bis zu 15 Jahren bestraft.

Die Strafe ist Freiheitsentziehung von mindestens 10 Jahren:

1. wenn der Brand eine Gefahr für das Leben eines Menschen darstellte;
2. wenn eine Gefahr der Ausbreitung des Brandes auch auf anderes als oben bezeichnetes Vermögen bestand;
3. wenn die in Brand gesetzte Räumlichkeit historischen, wissenschaftlichen oder künstlerischen Wert hat;
4. wenn in der in Brand gesetzten Räumlichkeit Gegenstände aufbewahrt werden, die historischen, wissenschaftlichen oder künstlerischen Wert haben.

Hatte der Brand den Tod eines Menschen zur Folge, so ist die Strafe Freiheitsentziehung von 20 Jahren oder die Todesstrafe.

Art. 308. Für einen durch Fahrlässigkeit verursachten Brand fremden Vermögens gemäß dem vorstehenden Artikel ist die Strafe Freiheitsentziehung bis zu 3 Jahren.

Art. 309. Wegen Brandstiftung wird der Täter nicht bestraft, wenn er vor dem Eintreten erheblicher Schäden aus eigenem Willensentschluß den Brand unverzüglich gelöscht hat.

Art. 310. Wer mit Sprengstoff ein Gebäude oder eine andere Räumlichkeit, eine Maschine von beträchtlichem Wert, ein Schiff, eine Eisenbahn, ein Bergwerk, eine Brücke oder ein anderes Bauwerk zerstört, wird mit Freiheitsentziehung von 20 Jahren und in besonders schweren Fällen mit dem Tode bestraft.

Art. 311. Die Vorbereitung der in Art. 307 und 310 genannten Straftaten wird mit Freiheitsentziehung bis zu 3 Jahren bestraft.

Art. 312. Wer Sprengstoff, Feuerwaffen oder Munition gesetzwidrig oder ohne Erlaubnis der zuständigen Staatsbehörde herstellt, umarbeitet, ausbessert, handelt, befördert, ein- oder ausführt, oder dies nicht gemäß der ihm erteilten Erlaubnis tut, wird mit Freiheitsentziehung bis zu 5 Jahren und mit Geldstrafe bis zu 200 000 Lewa bestraft.

Art. 313. Wer Sprengstoff, Feuerwaffen oder Munition aufbewahrt, befördert, versendet oder damit arbeitet und nicht die notwendigen Sicherheitsmaßnahmen und insbesondere die in den diesbezüglichen Bestimmungen, Verordnungen oder Anweisungen vorgesehenen Maßnahmen trifft, wird mit Freiheitsentziehung bis zu 3 Jahren und mit Geldstrafe bis zu 200 000 Lewa bestraft.

Hatte die Tat eine Explosion zur Folge und wurde ein Gesundheitsschaden oder der Tod eines Menschen oder ein erheblicher Vermögensschaden verursacht, so ist die Strafe Freiheitsentziehung von mindestens 5 Jahren und Geldstrafe bis zu 500 000 Lewa.

Art. 314. Wer Sprengstoff, Feuerwaffen oder Munition erwirbt, sich aneignet, veräußert, einem anderen übergibt, trägt, hält oder benützt, in Pfand gibt oder nimmt, ohne hierfür die nötige Erlaubnis zu haben, wird mit Freiheitsentziehung bis zu 5 Jahren und mit Geldstrafe bis zu 200 000 Lewa bestraft.

Handelt es sich bei dem Sprengstoff, den Feuerwaffen oder der Munition um Gegenstände, die für den Militärgebrauch bestimmt sind, oder die trotz der Anordnung, daß sie der Behörde abzugeben sind, nicht abgegeben wurden, so ist die Strafe Freiheitsentziehung von 3—10 Jahren und Geldstrafe bis zu 300 000 Lewa.

Art. 315. Wer Sprengstoff oder Feuerwaffen an eine Person, die keine Erlaubnis zu deren Erwerb hat, veräußert oder übergibt, wird mit Freiheitsentziehung bis zu 3 Jahren bestraft.

Die gleiche Strafe trifft denjenigen, der einem anderen Munition veräußert oder übergibt, ohne daß dieser die Erlaubnis zum Tragen der entsprechenden Waffe hat.

Art. 316. Wer nach ordnungsgemäßem Erwerb einer Feuerwaffe nicht binnen Monatsfrist vom Datum des Erwerbs an bei dem zuständigen Organ der Staatsgewalt die Erlaubnis zum Tragen dieser Waffe beantragt oder sie nicht innerhalb dieser Frist der Behörde abgibt, wird mit Freiheitsentziehung bis zu einem Jahr oder mit Besserungsarbeit bis zu 6 Monaten bestraft.

Art. 317. Wer von irgendeiner in den Art. 312—316 genannten Straftat Kenntnis erlangt und sie nicht der nächsten Milizbehörde oder einem Beamten für Überwachung von Sprengstoff, Feuerwaffen und Munition anzeigt, wird mit Besserungsarbeit bis zu 6 Monaten oder mit Geldstrafe bis zu 10 000 Lewa bestraft.

***Art. 317 a**[1]). Die Bestimmungen der Art. 312, 313, 314 Abs. 1, 315 Abs. 1, 316 und 317 finden entsprechende Anwendung bei giftigen und stark wirkenden Stoffen, die der Zulassung durch die Volksmiliz unterliegen, sowie bei betäubenden Mitteln, die der Zulassung durch das Ministerium für Volksgesundheit und Sozialfürsorge unterliegen.

---

[1]) Eingefügt durch das Gesetz vom 3. Februar 1956.

XII. Gemeingefährliche Straftaten

Art. 318. Wer vorsätzlich eine Überschwemmung herbeiführt und dadurch das Leben oder das Vermögen eines anderen gefährdet, wird mit Freiheitsentziehung von 5—15 Jahren bestraft.

Art. 319. Wer fahrlässig eine Überschwemmung herbeiführt und dadurch das Leben oder das Vermögen eines anderen gefährdet, wird mit Freiheitsentziehung bis zu 3 Jahren oder mit Besserungsarbeit bestraft.

Wurde in diesen Fällen der Tod eines Menschen oder ein erheblicher Schaden verursacht, so ist die Strafe Freiheitsentziehung von mindestens 10 Jahren oder die Todesstrafe.

***Art. 320.** Wer vorsätzlich einen Zug oder rollendes Material der Eisenbahn, ein Flugzeug, einen Kraftwagen, ein elektrisches Transportmittel (Trolleybus, Straßenbahn und dgl.) oder deren Zubehör beschädigt, oder wer vorsätzlich ein Schiff beschädigt oder zuläßt, daß ein Schiff beschädigt wird, aufläuft oder untergeht, und dadurch das Leben oder das Vermögen eines anderen gefährdet, wird mit Freiheitsentziehung von mindestens 10 Jahren und in besonders schweren Fällen mit dem Tode bestraft.

Wurde in diesen Fällen der Tod eines anderen verursacht, so ist die Strafe Freiheitsentziehung von 20 Jahren oder die Todesstrafe.

Art. 321. Für eine durch Fahrlässigkeit begangene Tat nach Abs. 1 des vorstehenden Artikels ist die Strafe Freiheitsentziehung bis zu 3 Jahren und nach Abs. 2 Freiheitsentziehung bis zu 5 Jahren.

***Art. 322.** Wer durch vorsätzliche Beschädigung von Telegraphen-, Telephon-, Stromversorgungs- oder Rundfunkeinrichtungen den Verkehr verhindert oder unterbricht, wird mit Freiheitsentziehung bis zu 5 Jahren bestraft.

Wurde die Tat fahrlässig begangen, so ist die Strafe Freiheitsentziehung bis zu einem Jahr oder Besserungsarbeit.

Wer Telegraphen-, Telephon- oder Rundfunkverbindungen unterbricht durch Umbau von Sachen, die an Leitungen oder Anlagen angeschlossen sind, ohne dazu die Erlaubnis der Organe des Ministeriums für Post, Telegraph und Telephon zu haben, wird mit Geldstrafe von 40—800 Lewa bestraft.

***Art. 322 a**[1]. Wer

a) ohne schriftliche Erlaubnis eine Funksendeanlage herstellt oder benutzt oder eine solche zu Zwecken benutzt, die nach der ihm erteilten Erlaubnis unzulässig sind,

b) ohne Erlaubnis die Kapazität, die Reinheit oder das Sendezeichen einer Funksendeanlage ändert oder

c) den Betrieb einer Funkverkehrsstation, Störstation oder Verstärkerstation hindert oder stört,

wird mit Freiheitsentziehung bis zu 5 Jahren und Geldstrafe bis zu 4000 Lewa und Einziehung der Apparatur bestraft.

Art. 323. Wer durch Nachlässigkeit auf irgendeine Weise Bedingungen schafft, die eine Brand- oder Explosionsgefahr oder eine Gefahr für die

[1]) Eingefügt durch das Gesetz vom 3. Februar 1956.

Gesundheit und das Leben eines anderen darstellen, wird mit Geldstrafe bis zu 10 000 Lewa bestraft.

Art. 324. Wer vorsätzlich ein Zeichen, das für die Verkehrssicherheit einer Eisenbahn, eines Schiffes, eines Flugzeuges oder eines anderen Transportmittels bestimmt ist, beseitigt oder versetzt oder es unterläßt, ein solches Zeichen zu geben oder aber ein falsches Zeichen gibt und dadurch das Leben oder Vermögen eines anderen gefährdet, wird mit Freiheitsentziehung von mindestens 10 Jahren bestraft.

Wurde die Tat fahrlässig begangen, so wird der Schuldige mit Freiheitsentziehung bis zu 3 Jahren bestraft.

Art. 325. Wer vorsätzlich einen für das Leben oder die Gesundheit gefährlichen Gegenstand in einen Brunnen, eine Quelle, eine Wasserleitung oder eine andere für den allgemeinen Gebrauch bestimmte Anlage, aus der oder mit der Trinkwasser geschöpft wird, hineinbringt oder beimischt, wird bestraft:

1. wenn dadurch der Tod eines anderen verursacht wurde, mit Freiheitsentziehung von 20 Jahren oder mit dem Tode;
2. wenn eine schwere Körperverletzung verursacht wurde, mit Freiheitsentziehung von 3—10 Jahren, und
3. in den übrigen Fällen mit Freiheitsentziehung bis zu 5 Jahren.

Ebenso wird bestraft, wer einen solchen Zusatz in Gegenstände hineinbringt, die zum Verkauf ausgelegt sind oder dem allgemeinen Gebrauch überlassen sind oder zum Essen oder Trinken bestimmt sind, sowie derjenige, der solche Gegenstände verkauft, zum Verkauf anbietet oder auf andere Weise in den Verkehr bringt, deren gefährliche Eigenschaft er kannte.

Art. 326. Für eine durch Fahrlässigkeit begangene Tat nach den vorstehenden Artikeln ist die Strafe Freiheitsentziehung bis zu einem Jahr oder Besserungsarbeit bis zu 6 Monaten.

Hatte in diesem Falle die Tat den Tod eines anderen zur Folge, so ist die Strafe Freiheitsentziehung bis zu 3 Jahren.

Art. 327. Wer in einer Zeit allgemeiner Not seine Verpflichtung zur Hilfeleistung oder zur Lieferung oder zum Transport von Nahrungsmitteln oder anderen Gegenständen, die für die Beseitigung oder Einschränkung der Not erforderlich sind, nicht erfüllt, wird mit Freiheitsentziehung bis zu 10 Jahren bestraft.

Art. 328. Wer eine Anordnung verletzt, die gegen die Verbreitung oder das Auftreten einer ansteckenden Krankheit von Menschen erlassen ist, wird mit Besserungsarbeit bestraft.

Hatte die Tat den Tod eines anderen zur Folge, so ist die Strafe Freiheitsentziehung bis zu 3 Jahren.

Art. 329. Wer eine Anordnung verletzt, die gegen die Verbreitung oder das Auftreten einer ansteckenden Krankheit von Haustieren erlassen ist, wird mit Besserungsarbeit bis zu 6 Monaten bestraft.

Hatte die Tat eine Seuche zur Folge, so ist die Strafe Freiheitsentziehung bis zu einem Jahr.

XIII. Transportstraftaten

Art. 330. Wer einen Leichnam ohne Genehmigung des zuständigen Organs der Staatsgewalt oder an einer hierfür nicht bestimmten Stelle beerdigt, wird mit Bessserungsarbeit bis zu 3 Monaten oder mit Geldstrafe bis zu 3000 Lewa bestraft.

Wer ohne Genehmigung des zuständigen Organs der Staatsgewalt einen Leichnam exhumiert oder einen exhumierten Leichnam überführt, wird mit Geldstrafe bis zu 5000 Lewa bestraft.

Art. 331. Wer vorsätzlich oder fahrlässig bei der Leitung oder Ausführung eines Baues die allgemeinen Bauvorschriften, sanitären Vorschriften oder Feuerschutzvorschriften verletzt und dadurch jemanden einer Gefahr aussetzt, wird mit Freiheitsentziehung bis zu einem Jahr bestraft.

In besonders schweren Fällen ist die Strafe Freiheitsentziehung bis zu 5 Jahren.

Sonderbestimmung

Art. 332. Bei Straftaten nach den Art. 307, 310, 312—314, 318, 320, 324, 325 und 327 kann das Gericht die teilweise oder vollständige Einziehung des Vermögens des Schuldigen anordnen und ihm die Rechte gemäß Art. 28 aberkennen.

XIII.
TRANSPORTSTRAFTATEN[1])

Art. 333. Eine im Verkehrswesen beschäftigte oder bedienstete Person oder ein Eigentümer eines in das gemeinnützige Verkehrswesen eingeschalteten Motortransportmittels, der die Arbeitsdisziplin verletzt (die Verkehrsregeln, die Erfordernisse an die Qualität der Ausbesserung von rollendem Material, Straßen und Anlagen, die Regeln über die Befrachtung und die Aufbewahrung von Waren und dgl.), wird, wenn dies die Beschädigung oder Zerstörung von rollendem Material, Straßen oder Anlagen, Gefahr für das Leben von Menschen, eine erhebliche Nichterfüllung des Transportplans oder andere erhebliche Schäden zur Folge hat oder haben kann, mit Freiheitsentziehung bis zu 15 Jahren bestraft.

Hat die Tat den Tod von mehr als einer Person zur Folge oder wurde sie in betrunkenem Zustand begangen, so ist die Strafe Freiheitsentziehung von mindestens 15 Jahren und in besonders schweren Fällen die Todesstrafe.

Art. 334. Wurde die Tat nach Art. 333 fahrlässig begangen, so ist die Strafe:

in den Fällen des Abs. 1 Freiheitsentziehung bis zu 10 Jahren oder Besserungsarbeit,

in den Fällen des Abs. 2 Freiheitsentziehung von mindestens 10 Jahren und in besonders schweren Fällen Freiheitsentziehung von 20 Jahren oder die Todesstrafe.

Art. 335. Wer ohne Erlaubnis der zuständigen Behörde die Konstruk-

---

[1]) Das Kapitel über die Transportstraftaten wurde neu eingefügt durch das Gesetz vom 3. Februar 1956.

tion eines Motortransportmittels abändert, wird mit Freiheitsentziehung bis zu 3 Jahren oder mit Geldstrafe bis zu 200 000 Lewa bestraft.

Das Gericht kann die Einziehung des Motortransportmittels anordnen.

Art. 336. Wer ein Motortransportmittel vor der Registrierung verheimlicht, wird mit Freiheitsentziehung bis zu einem Jahr oder mit Geldstrafe bis zu 1000 Lewa bestraft.

Das Gericht kann die Einziehung des Motortransportmittels anordnen.

Art. 337. Mit Freiheitsentziehung bis zu einem Jahr oder mit Geldstrafe bis zu 1000 Lewa wird bestraft

a) wer von einem Kennzeichen Gebrauch macht, das für ein anderes Transportmittel ausgegeben ist oder das nicht von den Organen der Volksmiliz ausgegeben ist.

b) wer ein Motortransportmittel führt, ohne dazu berechtigt zu sein,

c) wer ein Motortransportmittel, das technisch nicht in Ordnung ist und die Sicherheit des Verkehrs bedroht, in Betrieb setzt oder führt,

d) der Führer eines Motortransportmittels, der während der Arbeitszeit oder unmittelbar vor Arbeitsbeginn systematisch Alkohol konsumiert,

e) der Führer eines Motortransportmittels des Automobiltransportes, der in eigennütziger Absicht Passagiere oder Waren auf unvorschriftsmäßige Weise transportiert.

Art. 338. Diebstahl, Raub, Unterschlagung, Zerstörung, Beschädigung oder Brandstiftung an Sachen, die Eigentum von Privatpersonen sind, wird, wenn die Tat in der Zeit vom Empfang der Sachen zum Transport durch das Transportunternehmen bis zu ihrer Übergabe an den Empfänger begangen wird, nach den entsprechenden Bestimmungen des 3. Kapitels des Besonderen Teils dieses Gesetzbuches bestraft, wobei die Sonderbestimmung dieses Kapitels Anwendung findet.

Sonderbestimmung

Art. 339. Bei Straftaten nach Art. 333 kann das Gericht die teilweise oder vollständige Einziehung des Vermögens des Schuldigen anordnen und ihm die Rechte gemäß Art. 28 aberkennen. Wurde die Straftat vom Eigentümer eines in das gemeinnützige Verkehrswesen eingeschalteten Motortransportmittels begangen, so kann das Gericht die Einziehung des Motortransportmittels anordnen.

In den Fällen der Art. 336 und 337 Buchst. „a“, „c“, „d“ und „e“ kann das Gericht dem Schuldigen nach Art. 28 das Recht aberkennen, den entsprechenden Beruf auszuüben.

XIV.

MILITÄRSTRAFTATEN[1])

Art. 340. Nach den entsprechenden Artikeln dieses Kapitels sind verantwortlich:

---

1) Das Militärstrafrecht war bis 1956 durch das Militärstrafgesetzbuch von 1949 geregelt. Es wurde durch das Gesetz vom 3. Februar 1956 in das StGB eingearbeitet, wobei, neben zahlreichen Änderungen und Ergänzungen einzelner Artikel, das 14. Kapitel neu eingefügt wurde.

XIV. Militärstraftaten

a) Militärpersonen,

b) Personen aus dem Mannschafts- oder Führungsstand und aus dem operativen Bestand der Abteilungen des Innenministeriums,

c) Reserveoffiziere, denen es freigestellt ist, Uniform zu tragen, für in Uniform begangene Straftaten,

d) Kriegsgefangene aus einer feindlichen Armee für Straftaten nach den Art. 352, 353 und 368,

e) die in diesen Artikeln nicht erwähnten Personen bei Teilnahme an einer Militärstraftat.

1. Verrat

Art. 341. Wer in verräterischer Absicht zum Feinde übergeht oder in derselben Absicht zu einem fremden Staat übergeht, wird mit Freiheitsentziehung von 20 Jahren oder dem Tode bestraft.

Art. 342. Ein Vorgesetzter, der in der Absicht, dem Feind Vorschub zu leisten, ihm anvertraute militärische Kräfte oder Mittel zur Kriegsführung dem Feinde ausliefert oder zu seiner Verfügung zurückläßt, oder solche Mittel nicht zerstört oder unbrauchbar macht, und ebenso nicht die notwendigen Maßnahmen zu ihrer Zerstörung oder Unbrauchbarmachung ergreift, wenn die unmittelbare Gefahr ihre Eroberung durch den Feind droht, wird mit dem Tode bestraft.

Art. 343. Ein Vorgesetzter, der in der Absicht, dem Feind Vorschub zu leisten, den ihm für den Kampf gegebenen Befehlen oder Anordnungen nicht nachkommt, wird mit dem Tode bestraft.

Art. 344. Ein Vorgesetzter, der, wenn er keinen Befehl zu militärischen Handlungen erhalten hat, rechtzeitiges Handeln aber notwendig ist, die Ausgabe eines solchen Befehls nicht veranlaßt oder unter unaufschiebbaren Umständen nicht aus eigener Initiative handelt in der Absicht, dem Feind Vorschub zu leisten, wird mit dem Tode bestraft.

Art. 345. Die Vorbereitung einer Straftat nach diesem Abschnitt sowie nach Kapitel I wird, wenn sie von einer Person begangen wird, die zu den in Art. 340 erwähnten Personengruppen dieses Kapitels gehört, mit der für die vollendete Straftat vorgesehenen Strafe bestraft.

Art. 346. Die Art. 92, 93, 95 und 96 finden auch bei Straftaten nach diesem Abschnitt entsprechende Anwendung, auch wenn die Straftaten nach den genannten Artikeln von bürgerlichen Personen begangen werden.

2. Umgehung des Militärdienstes

Art. 347. Wer ohne Erlaubnis seinen Truppenteil oder Dienstort für nicht länger als 24 Stunden verläßt wird wegen eigenmächtiger Entfernung nach der Disziplinarordnung oder mit Freiheitsentziehung bis zu 2 Jahren bestraft.

Eigenmächtige Entfernung im Kriege wird mit Freiheitsentziehung bis zu 7 Jahren bestraft.

Art. 348. Dauerte die eigenmächtige Entfernung länger als 24 Stunden, so wird der Schuldige wegen Desertion mit Freiheitsentziehung bis zu 3 Jahren bestraft.

Wurde die Desertion wiederholt oder von einer Gruppe von Personen begangen oder dauerte sie länger als 5 Tage, so ist die Strafe Freiheitsentziehung von 1—10 Jahren.

Desertion im Kriege wird mit Freiheitsentziehung von mindestens 10 Jahren oder mit dem Tode bestraft.

Art. 349. Wer vorsätzlich oder fahrlässig nicht rechtzeitig zum Dienst erscheint bei einer Ernennung, Versetzung oder Abkommandierung, aus dem Urlaub, aus einem Lazarett oder einem Militärerholungsheim, sowie ein Reservist, der zu einem Übungs- oder Kontrollappell oder bei einer Mobilmachung nicht rechtzeitig erscheint, wird entsprechend nach den Artikeln 347 und 348 bestraft.

Art. 350. Wer sich der Militärdienstpflicht entzieht durch Zufügung irgendeiner Gesundheitsstörung, Vortäuschen einer Krankheit, Urkundenfälschung oder auf andere betrügerische Weise, wird mit Freiheitsentziehung von 1—10 Jahren bestraft.

In besonders schweren Fällen oder im Kriege oder während eines Kampfes begangen, wird dieselbe Straftat mit Freiheitsentziehung von mindestens 10 Jahren oder mit dem Tode bestraft.

Art. 351. Wer sich weigert, die Militärdienstpflichten zu erfüllen oder sich systematisch ihrer Erfüllung entzieht, wird mit Freiheitsentziehung bis zu 10 Jahren bestraft.

Wird dieselbe Straftat im Kriege oder während eines Kampfes begangen, so ist die Strafe Freiheitsentziehung nicht unter 10 Jahren oder die Todesstrafe.

3. Straftaten gegen die Unterordnung und die militärische Ehre

Art. 352. Wer einen Befehl seines Vorgesetzten nicht erfüllt oder sich weigert ihn zu erfüllen, wird mit Freiheitsentziehung bis zu 3 Jahren bestraft.

Wird dieselbe Straftat von einer Gruppe von Personen oder von einer Person aus dem Führungsstand begangen, so ist die Strafe Freiheitsentziehung bis zu 5 Jahren.

Die Straftaten der vorstehenden Absätze werden in besonders schweren Fällen oder im Kriege mit Freiheitsentziehung nicht unter 5 Jahren oder dem Tode bestraft.

Nichterfüllung eines Befehls während eines Kampfes wird mit dem Tode bestraft.

Wurde die Nichterfüllung eines Befehls fahrlässig begangen, so wird der Schuldige nach der Disziplinarordnung oder mit Freiheitsentziehung bis zu einem Jahr und im Kriege mit Freiheitsentziehung bis zu 5 Jahren bestraft.

Art. 353. Wer einem gesetzmäßigen Verlangen einer Person, die eine Militärdienstpflicht erfüllt, nicht nachkommt, sie angreift, hindert oder ihr Widerstand leistet oder eine solche Person nötigt, ihre Pflichten zu verletzen, wird mit Freiheitsentziehung bis zu 5 Jahren bestraft.

Wer seinen Vorgesetzten angreift oder bedroht, wird mit Freiheitsentziehung bis zu 5 Jahren bestraft. Wurde die Tat bei oder anläßlich der

Erfüllung der Dienstpflichten des Vorgesetzten begangen, so ist die Strafe Freiheitsentziehung von 3—10 Jahren.

Werden die Straftaten der vorstehenden Absätze von einer Gruppe von Personen, unter Anwendung von Waffen, in besonders wichtigen Fällen, im Kriege oder während eines Kampfes begangen, so ist die Strafe Freiheitsentziehung von mindestens 5 Jahren oder die Todesstrafe.

Art. 354. Wer gegen eine Anordnung oder einen Befehl eines Vorgesetzten Unwillen äußert, wird nach der Disziplinarordnung oder mit Freiheitsentziehung bis zu 2 Jahren bestraft. Im Kriege ist die Strafe Freiheitsentziehung bis zu 10 Jahren.

Art. 355. Wer eine der in Art. 340 Buchst. „a", „b" und „c" erwähnten Personen in ihrem Beisein oder in ihrer Abwesenheit beleidigt oder sie verleumdet, wird nach der Disziplinarordnung oder mit Freiheitsentziehung bis zu 2 Jahren bestraft.

Werden dieselben Straftaten von einem Untergebenen gegenüber einem Vorgesetzten oder von einem Jüngeren gegen einen Rangälteren begangen, so ist die Strafe Freiheitsentziehung bis zu 3 Jahren.

Wurde die Beleidigung nach Abs. 1 durch gewalttätige Handlungen begangen, so ist die Strafe Freiheitsentziehung bis zu 5 Jahren.

Art. 356. Leichte Körperverletzung, die einem Untergebenen von einem Vorgesetzten oder einem Vorgesetzten von einem Untergebenen zugefügt wird, wird mit Freiheitsentziehung bis zu 3 Jahren bestraft, wenn die Handlung keine schwerere Straftat darstellt.

4. Dienststraftaten

Art. 357. Wer seine Amtsgewalt oder seine dienstliche Stellung mißbraucht, seine Dienstpflichten nicht erfüllt oder seine Amtsgewalt überschreitet, wird, wenn daraus Schadensfolgen entstehen oder offensichtlich entstehen können, nach der Disziplinarordnung oder mit Freiheitsentziehung bis zu 2 Jahren bestraft.

Werden dieselben Straftaten in Vorteilsabsicht oder im Kriege begangen, so ist die Strafe Freiheitsentziehung von 2—15 Jahren und in besonders schweren Fällen Freiheitsentziehung von mindestens 15 Jahren oder die Todesstrafe.

Art. 358. Wer seine Dienstpflichten pflichtvergessen oder nachlässig erfüllt, wird, wenn daraus Schadensfolgen entstehen oder offensichtlich entstehen können, nach der Disziplinarordnung oder mit Freiheitsentziehung bis zu 2 Jahren bestraft.

Sind die entstandenen Schadensfolgen schwer oder wurde die Straftat im Kriege begangen, so ist die Strafe Freiheitsentziehung von mindestens 2 Jahren.

Art. 359. Wer ihm zum persönlichen Dienstgebrauch überlassene Sachen verliert oder vernachlässigt, wird nach der Disziplinarordnung oder mit Freiheitsentziehung bis zu 2 Jahren und in besonders schweren Fällen mit Freiheitsentziehung bis zu 5 Jahren bestraft.

5. Straftaten gegen den Wachdienst (Posten-, Patrouillendienst) und den Innendienst

Art. 360. Wer vorsätzlich oder fahrlässig die statutenmäßigen Vorschriften des Wach-, Posten- oder Patrouillendienstes oder die auf Grund dieser Vorschriften erlassenen Anordnungen verletzt, wird mit Freiheitsentziehung bis zu 2 Jahren bestraft.

Wird dieselbe Straftat bei einem Objekt von besonderer staatlicher oder militärischer Bedeutung begangen, so ist die Strafe Freiheitsentziehung von 1—5 Jahren.

Hat dieselbe Straftat zum Eintritt von Schadensfolgen geführt, zu deren Verhütung die Wache, der Posten oder die Patrouille eingesetzt war, so ist die Strafe Freiheitsentziehung von 2—10 Jahren.

Im Kriege oder während eines Kampfes begangen oder in besonders schweren Fällen, werden die Straftaten nach den Absätzen 2 und 3 mit Freiheitsentziehung von mindestens 5 Jahren oder mit dem Tode bestraft.

Entsprechend den vorstehenden Absätzen werden auch zum Dienst kommandierte Personen bestraft, die die statutenmäßigen Vorschriften über die Beobachtung oder Kundmachung im Zusammenhang mit der Sicherung der Luftabwehr verletzen.

Art. 361. Eine Person vom Tagesdienst, die vorsätzlich oder fahrlässig die statutenmäßigen Vorschriften des Innendienstes verletzt, wird nach der Disziplinarordnung oder mit Freiheitsentziehung bis zu 6 Monaten bestraft.

Hat dieselbe Straftat zum Eintritt von Schadensfolgen geführt, zu deren Verhütung der Dienst eingesetzt war, so ist die Strafe Freiheitsentziehung bis zu 2 Jahren. Im Kriege, während eines Kampfes oder in besonders schweren Fällen ist die Strafe Freiheitsentziehung bis zu 10 Jahren.

Art. 362. Eine Person aus dem Grenzdienst, die vorsätzlich oder fahrlässig die Vorschriften über den Schutz der Staatsgrenze verletzt, wird mit Freiheitsentziehung bis zu 5 Jahren bestraft.

Hat sich dieselbe Straftat in eigenmächtigem Verlassen oder Nichtbesetzen des zu schützenden Objekts oder Abschnitts der Staatsgrenze geäußert, so ist die Strafe Freiheitsentziehung von 3—10 Jahren.

In besonders schweren Fällen werden die Straftaten nach den vorstehenden Absätzen mit Freiheitsentziehung von mindestens 5 Jahren oder mit dem Tode bestraft.

6. Straftaten im Zusammenhang mit militärischen Handlungen

Art. 363. Ein Vorgesetzter, der, wenn auch nur fahrlässig, eine der in den Artikeln 342, 343 und 344 bezeichneten Straftaten begeht, ohne die Absicht dem Feinde Vorschub zu leisten, aber unter Verletzung von militärischen Vorschriften, wird mit Freiheitsentziehung von mindestens 3 Jahren und in besonders schweren Fällen mit dem Tode bestraft.

Art. 364. Der Kommandant eines untergehenden Kriegsschiffes, der, ohne seine Dienstpflicht vollständig erfüllt zu haben, das Schiff verläßt, sowie eine Person aus der Schiffsmannschaft, die dasselbe ohne Anordnung ihres Kommandanten tut, wird mit dem Tode bestraft.

XIV. Militärstraftaten

Art. 365. Eine Militärperson, die während eines Kampfes eigenmächtig das Schlachtfeld verläßt oder sich gefangengibt, ohne daß dies durch die Kampflage geboten ist, oder die sich weigert, während des Kampfes die Waffen zu gebrauchen, wird mit dem Tode bestraft.

Art. 366. Eine Militärperson, die Vermögensgegenstände der Bevölkerung, die sich im Gebiet der militärischen Handlungen befindet, raubt, stiehlt, sich aneignet, beschädigt, zerstört oder rechtswidrig wegnimmt, wird mit Freiheitsentziehung von mindestens 3 Jahren und in besonders schweren Fällen mit dem Tode bestraft.

Art. 367. Eine Militärperson, die auf dem Schlachtfeld einem Verwundeten, Gefangenen oder Toten Sachen wegnimmt in der Absicht, sie sich rechtswidrig zuzueignen, wird wegen Marodierens mit Freiheitsentziehung von mindestens 3 Jahren und in besonders schweren Fällen mit dem Tode bestraft.

Art. 368. Eine Militärperson, die schriftlich oder auf andere Weise Verbindung aufnimmt mit einer Person, die sich im feindlichen Land, in der feindlichen Armee oder in einem von dieser besetzten Gebiet befindet, wird nach der Disziplinarordnung oder mit Freiheitsentziehung bis zu 3 Jahren bestraft.

7. Straftaten, welche die internationalen Konventionen verletzen

Art. 369. Eine Militärperson, die sich gegenüber Kriegsgefangenen grausam verhält oder die ihr auferlegten Verpflichtungen bezüglich der Heilung oder Pflege von kranken oder verwundeten Kriegsgefangenen nachlässig erfüllt, wird mit Freiheitsentziehung bis zu 3 Jahren bestraft.

Art. 370. Eine Militärperson, die im Gebiet der militärischen Handlungen das Zeichen des Roten Kreuzes oder des Roten Halbmonds trägt, ohne dazu berechtigt zu sein, sowie ein Vorgesetzter, der dieses anordnet, wird mit Freiheitsentziehung bis zu 2 Jahren bestraft.

Art. 371. Eine Militärperson, die im Kriege die Flagge oder das Zeichen des Roten Kreuzes oder des Roten Halbmonds oder die Farbe, die für die Sanitätstransportmittel bestimmt ist, mißbraucht, wird mit Freiheitsentziehung bis zu 2 Jahren bestraft.

Sonderbestimmung

Art. 372. Bei den Straftaten nach diesem Kapitel, für die als Höchststrafe Freiheitsentziehung über 10 Jahre oder die Todesstrafe vorgesehen ist, erkennt das Gericht dem Schuldigen die Rechte gemäß Art. 28 ab und ordnet die teilweise oder vollständige Einziehung des Vermögens an.

Bei den Straftaten nach den Artikeln 348 Abs. 2, 350 Abs. 1, 351 Abs. 1, 352 Abs. 2, 353 Abs. 1 und 2, 354 Satz 2, 360 Abs. 3, 361 Abs. 2 Satz 2 und 362 Abs. 2 kann das Gericht die teilweise oder vollständige Einziehung des Vermögens des Schuldigen anordnen und ihm die Rechte gemäß Art. 28 aberkennen.

ERLÄUTERUNGEN EINIGER BEGRIFFE

***Art. 373.** Beamter im Sinne dieses Gesetzbuchs ist jeder, dem die Ausführung eines Dienstes in einer Staatsbehörde oder eine leitende Arbeit in einem Staatsunternehmen, in einer Genossenschaft oder einer anderen Gesellschaftsorganisation übertragen ist, oder dem Gesellschaftsvermögen gegen Bezahlung oder unentgeltlich, auf Zeit oder dauernd zur Verwahrung anvertraut ist.

Organe der Staatsgewalt im Sinne dieses Gesetzbuches sind die Organe der Staatsregierung und die Organe der Staatsverwaltung, der Volksgerichte und der Staatsanwaltschaft, sowie die bei diesen bediensteten Personen.

Gesellschaftlich sind die Unternehmungen des Staates, der Genossenschaften und der juristischen Personen mit nichtwirtschaftlichem Ziel.

Gesellschaftlich ist das Vermögen des Staates, der Genossenschaften und der juristischen Personen mit nichtwirtschaftlichem Ziel.

Amtlich ist eine Urkunde, die von einem Beamten in der vorgeschriebenen Weise und Form innerhalb seines Dienstbereiches ausgestellt wurde.

Eine Tat wird als wiederholt begangen betrachtet, wenn der Täter sie begangen hat, nachdem er wegen der ersten Straftat durch ein rechtskräftiges Urteil verurteilt worden war.

Angehörige sind: Ehegatten, Verwandte aufsteigender und absteigender Linie (einschließlich Adoptierten, Stiefkindern und eingebrachten Kindern), Brüder und Schwestern, Verwandte der Seitenlinie bis zum 4. Grade.

Übergangsbestimmungen

Art. 374. Dies Gesetz tritt einen Monat nach seiner Veröffentlichung in Kraft und hebt auf[1]):

1. das Strafgesetz von 1896 mit allen Änderungen und Ergänzungen;
2. das Gesetz über die bedingte Verurteilung;
3. das Gesetz über Jugendgerichte;
4. die Art. 1—4 des Gesetzes gegen Zinswucher;
5. das Gesetz über die bedingte Begnadigung;
6. das Gesetz über den Schutz von Staatsgeheimnissen, dessen Anwendungsbestimmungen jedoch in Kraft bleiben;

---

[1]) Durch § 79 des Gesetzes vom 3. Februar 1956 wurden ferner aufgehoben:

1. das Militärstrafgesetzbuch;
2. der Erlaß über die Nichtanwendung des Art. 51 des Strafgesetzes, die Amnestien bis zum 9. September 1944 und die Gesetzesverordnung über den Erlaß von Strafen für Handlungen, die vor dem 9. September 1944 begangen wurden (veröffentlicht in „Iswestija" 1953 Nr. 6);
3. Art. 121 Abs. 2, Art. 122, 124 und 125 des Erlasses über die allgemeine Wehrpflicht in der Volksrepublik Bulgarien;
4. Art. 49, 50 Ziff. 2 und 3, 51, 52 und 54 des Gesetzes über den Automobiltransport;
5. das Gesetz über die Bekämpfung der venerischen Krankheiten.

7. Art. 77 des Gesetzes über die Wahl der Volksräte und Gerichtsbeisitzer bei den örtlichen Volksgerichten;
8. Art. 75 des Gesetzes über die Wahl der Volksvertreter;
9. die Art. 26—28 des Gesetzes über die Glaubensbekenntnisse;
10. § 1 des Erlasses über die Ergänzung der Gesetzesverordnung über Versorgung und Preise u. a. (Staatsanzeiger Nr. 199, 150);
11. die Art. 169 und 171 des Gesetzes über die Verbesserung der landwirtschaftlichen Produktion und den Schutz der Feldgrundstücke;
12. die Art. 22 und 29 des Gesetzes über die Bekämpfung der venerischen Krankheiten;
13. Art. 16 des Gesetzes über die Luftfahrt;
14. Art. 37 Buchstabe „b“ und „w“ und Art. 41 des Gesetzes über Maße und Maßvorrichtungen;
15. Art. 12 des Gesetzes über Gefangenenarbeit;
16. das Gesetz über den Schutz staatlichen und genossenschaftlichen sozialistischen Eigentums;
17. alle Vorschriften, die zu diesem Gesetzbuch in Widerspruch stehen.

Art. 375. Bei Taten, die vor Inkrafttreten dieses Gesetzes begangen wurden, werden bezüglich des Rechts auf Genugtuung in Geld die Vorschriften angewandt, die bis zu diesem Zeitpunkt in Kraft waren.

Art. 376. War bis zum Inkrafttreten dieses Gesetzes in anderen Gesetzen für Straftaten als Strafe Geldstrafe oder Freiheitsentziehung (Haft oder Gefängnis) bis zu 3 Monaten, zusammen oder allein, vorgesehen, so bleiben diese, sofern aus dem Gesetz nichts anderes hervorgeht, auch dann strafbar, wenn sie fahrlässig begangen wurden.

Art. 377. In allen Gesetzen sind die Gefängnis- oder Zuchthausstrafen von bestimmter Dauer durch die Strafe der Freiheitsentziehung von gleicher Dauer zu ersetzen, die Haftstrafe durch Besserungsarbeit. Lebenslängliches Zuchthaus wird durch Freiheitsentziehung von 20 Jahren ersetzt.

Besonderer Teil

LISTE DER TATSACHEN, NACHRICHTEN UND GEGENSTÄNDE, DIE EIN STAATSGEHEIMNIS DARSTELLEN[1])

1. Nachrichten über die Kriegsindustrie und die mit ihr zusammenhängende Produktionskapazität, Ausrüstungen und Materialien, die Zahl des beschäftigten Personals und den Fond des Arbeitslohns, sowie Nachrichten über militärische Aufträge überhaupt.

2. Nachrichten über Bauobjekte, die sich direkt auf die Landesverteidigung beziehen.

3. Nachrichten über die Lage, die Bewegungen, die Benennung, Bezifferung, Organisation, den zahlenmäßigen Bestand und die materiell-finanzielle Sicherung der bewaffneten Kräfte der Republik im ganzen oder einzelner Truppengattungen, militärischer Einheiten und Zusammenfassungen, Schiffe, Abteilungen, Anstalten, Institute und militärischer Objekte.

4. Nachrichten über den Zustand, die Ausmaße, die Kapazität, die Zahl und die örtliche Lage der Flottenstützpunkte, der Küstenverteidigung, Leuchttürme und des hydrographischen Dienstes, der Militärflughäfen und Landeplätze, der Kriegsschiffe, der Verteidigung der Festlandsgrenzen, der Luftabwehr und anderer militärischer Objekte, Anstalten und Institute.

5. Nachrichten über die Kampfvorbereitung, die moralisch-politische Verfassung und Kampffähigkeit, die Bewaffnung, die Kampfsicherung, die Kampftechnik, die Ausrüstung, die Nachrichtenmittel, die Militärtransporte und die Bestände an Brenn- und Schmierstoffen der bewaffneten Kräfte der Republik im ganzen oder einzelner Truppengattungen, militärischer Einheiten, Zusammenfassungen, Schiffe und militärischer Objekte.

6. Nachrichten über die Mobilisierungs- und Operationspläne für die bewaffneten Kräfte der Republik im ganzen oder für einzelne Truppengattungen, Abteilungen und militärische Objekte.

Nachrichten über die Mobilisierungs- und Operationspläne, Berechnungen, Projekte und Maßnahmen, die mit den Plänen zur Sicherung der Verteidigungsfähigkeit der Republik im Bereich der Staatsverwaltung, der Industrie, des Verkehrs- und Nachrichtenwesens und der anderen Zweige der Volkswirtschaft zusammenhängen.

7. Dokumente und Materialien (Karten, Druckausgaben, Schriften und dergleichen), die mit der Landesverteidigung, der Kampfvorbereitung und der operativen Vorbereitung der Truppen zusammenhängen sowie Nachrichten hierüber.

8. Pläne, Dokumente, Karten, Zeichnungen und Beschreibungen von Telegraph-, Telephon- und Radioeinrichtungen, ihre örtliche Lage und Angaben über ihre für Kriegsbedürfnisse vorgesehene Kapazität.

9. Nachrichten über die Zahl der zum Kriegsdienst bei den bewaffneten Kräften oder beim Arbeitsdienst tauglichen jungen Leuten für das ganze Land und für die Militärverwaltungsbezirke.

---

[1]) Bestätigt durch die Verordnung des Ministerrats vom 14. August 1956, veröffentlicht in „Iswestija" Nr. 67 vom 21. August 1956.

Liste

10. Nachrichten über die Ausmaße, den Bestand, den Zustand, die Lage und die Vorherbestimmung der Mobilisierungsreserven jeder Art (Menschenreserven, Tiere, Materialien, Transportmittel u. dgl.) für die bewaffneten Kräfte der Republik im ganzen oder für einzelne Truppengattungen, militärische Einheiten, Zusammenfassungen, Abteilungen und militärische Objekte.

11. Nachrichten über Entdeckungen, Erfindungen, Rationalisierungen und Untersuchungen auf dem Gebiet der Wissenschaft und der Technik, die für die Landesverteidigung von Bedeutung sind.

12. Nachrichten über den Bestand, die Zahl und die Einteilung der Kader, über die Organisation, Methoden und Mittel der operativen Arbeit des Innenministeriums und seiner Abteilungen, sowie Nachrichten über ihre Anlagen.

13. Nachrichten über die Ausgabe von Materialien zur Verwendung von Sonderressorts (MNO, MWR und GUTP), über die Vermehrung (Verkürzung) von Reserven bei ihnen und die Bewilligung von Krediten für sie.

14. Staatliche Chiffren und der Inhalt von chiffrierten Materialien.

15. Nachrichten über die Vorräte, die Produktion, die Einfuhr und Ausfuhr von seltenen Metallen in natura und dem Wert nach ausgedrückt.

16. Nachrichten über die Kapazität und Transportmöglichkeiten der Eisenbahnlinien, einzelner Eisenbahnbezirke und ihrer Anlagen.

17. Nachrichten über die Arten, den Zustand und die Kapazität des rollenden Verkehrsparks — Lokomotiven, Waggons und Lastkraftwagen — für das Verkehrsministerium, Spezialbehörden und allgemein für die Republik.

18. Nachrichten über die Ausgaben nach dem Staatshaushaltsplan über Planverluste und -Ausgaben, die eine direkte Beziehung zur Landesverteidigung haben, sowie über die finanziellen Resultate aus dem Export.

19. Nachrichten über die Lage der Clearingsalden sowie über die Zahlungsbilanzen des Außenhandelsministeriums und ihre Formen.

20. Nachrichten über den Gold- und Valutafond und über den Geldumlauf der Republik.

21. Nachrichten über den Kassen- und Währungsplan und über die Zahlungs- und Rechnungsbilanz der Republik in absoluten Ziffern.

22. Nachrichten über die obligatorischen Staatslieferungen von Weizen, Roggen, Gerste und Mais für die Republik im ganzen und nach Bezirken.

23. Nachrichten über die staatlichen Reserven.

24. Wissenschaftliche Untersuchungen auf dem Gebiet der Atomenergie mit Ausnahme der Untersuchungen, die auf Beschluß des Ministerrats veröffentlicht werden.

FSC
www.fsc.org
MIX
Papier | Fördert gute Waldnutzung
FSC® C083411

Kolibri 360 GmbH
Ferdinand-Jühlke-Straße 7
99095 Erfurt, Deutschland
produktsicherheit@kolibri360.de